KB274086

허공에 맴도는
조선인의 그림자

**허공에 맴도는
조선인의 그림자**

2008년 7월 20일 초판인쇄
2008년 7월 25일 초판발행

지은이 • 정기용
펴낸이 • 이찬규
펴낸곳 • 북코리아
등록번호 • 제03-01157호
주소 • 121-802 서울시 마포구 공덕동 115-13번지 201호
전화 • (02)704-7840
팩스 • (02)704-7848
이메일 • sunhaksa@korea.com
홈페이지 • www.ibookorea.com

값 10,000원

ISBN 978-89-92521-78-9 03900

정기용 역사 에세이

허공에 맴도는 조선인의 그림자

북코리아

책머리에

'인생 칠십 고래희(人生七十古來稀)라는 말이 있다. 두보(杜甫)의 곡강시(曲江詩)에 나오는 구절로 인생 칠십을 가리키는 말이다.

정신없이 앞만 보고 달려오다 보니 벌써 칠십의 문턱에 다달았다.

내 삶을 돌아보면 일제 암흑기에 태어나 제대로 먹지도 못하고 보호도 받지 못하면서 8.15 광복을 맞았다.

학교 가는 길이 멀어 배를 타고 강을 건너야 했고 장마가 지면 기차길과 위험한 철교를 건너야 했다. 다행이 집 근처에 학교가 설립되어 마음 놓고 공부 할 수 있겠다는 희망도 잠시, 6·25사변이 일어나 피난과 굶주림에 학년만 채운 채 중학교에 입학했다.

전란과 휴전상태에서 사범학교를 졸업하고 첫 부임지인 심심산골 영춘에서 새소리 물소리 들으며 사회의 첫 출발이 시작되었다.

멸공을 국시로 삼은 이승만정권이나 반공을 국시로 삼고 민생고를 시급히 해결하여 잘살아 보자고 외치던 박정희 정권 때 가난과 싸우며 동분서주 하였다. 식구들 건사하기에 급급하여 옆도 보지 못한 채 청춘을 보내고 이제는 딸을 출가시키고 아들 결혼시켜 오랜만에 삶다운 나의 삶을 찾았다.

내 나이 꺾어진 140이라 지금에 와 생각하니 갈 길은 짧고 할일은 많은데 어느 것 하나 제대로 남겨놓지 못하고 오늘에 이르렀다.

황혼에 접어들면서 비로소 그동안 마음으로 느끼며 읽고 쓰기를 좋아했던 글들을 남겨놓아야 되겠다는 생각이 들었다. 바쁘게 살아온 삶에서 후회스런 일도 있었지만, 여생을 책과 더불어 읽고 쓰며 살겠노라 다짐 해보았다.

역사에 관심을 갖고 유적(遺跡)의 현장을 찾아 공부하고 느낀 것을 글로 쓰니 큰 보람이요 기쁨이 아닐 수 없다.

『허공에 맴도는 조선인의 그림자』라는 제목을 붙여 '역사에세이집'을 만들고 나니 한편 마음이 뿌듯하고 또한 부끄럽기도 하다.

수필은 심성을 바르게 인도 해주는 글이며 삶의 진정성을 깨닫게 해주는 감로수처럼 달콤한 맛과 행복이 깃든 글이라고 느낀다.

인생을 알차게, 마음을 편안하게 가지고 살아야 아름다운 생의 가치를 얻는다는 진리를 터득하였다. 더불어 글로 남기는 일은 더욱 값지기에 고희를 맞는 올해가 새로운 인생의 출발이자 첫 걸음이라는 생각으로 작품을 완성했다.

때로는 내 삶의 끝자락에 다다른 이 싯점에서 돌아보니 어떤 일은 '참 잘했구나!' 하는 생각이 들어 미소를 짓고, 어떤 일은 '그때 그렇게 했더라면 더 좋았을 걸!' 하는 후회도 해보았다. 어찌되었건 세상과 작별을 고할 때까지 후회와 미련을 남기기보다는 내 인생에 '좋았다' 라고 생각 할 수 있는 삶을 갖기 위해서는 계속 글과 친해 보려고 한다.

인생에 정답은 없겠지만 그래도 내 인생에 후회 없이 살았다고 생각 할 수 있는 마음만은 크게 가졌다.

내가 베풀어야 할 부분이 있다면 그 뜻이 지극히 작다 할지라도 지금 당장 실천해보겠다는 의지로 밀고 나가리라 다짐해 본다.

이글을 쓰기위해 '서울문화사학회' 와 '서울역사문화포럼' 이 주최하는 유적답사를 통해 역사의 현장을 수없이 찾았으며 다른 사람의 글과 문헌도 참고로 하였다.

이규태 코너를 스크랩 해 두었는가하면, 김삼용씨의 『동방의 등불 한국』이라는 글을 참고했으며, 중요한 내용을 메모 해두었다가 평상시 느끼고 생각한 것을 글로 나타내어 보았다.

이 책에서 조선인의 삶과 예부터 내려온 야화, 시들어가는 우리나라의 상징적 존재 다섯가지, 조상들의 생활풍습과 선인들의 발자취를 그려보며 또한 나의 추억도 더듬어보았다.

필자는 수필과 시문학을 공부 하면서 마음의 여유와 아량이 생겨 계속 글을 써 왔으며 이 일이 내가 늦게나마 가야 할 길이고 풍부한 삶을 가져온다고 믿고 있기 때문이다.

이글을 쓰기에 끊임없는 지도와 원고를 수정하고 보완 해주신 수필가 박도영 선생님께 감사를 드리며 어려운 출판 사정 속에서 흔쾌히 이 책을 발간해준 복코리아 이찬규 사장님께 고마음을 표한다.

2008년 7월 장안동 서재에서

정기용 씀

차 례

제8부　전해 오는 조상들의 생활

부록 : 추억의 자리에서

제 1 부

조선 예인들의 삶

사갑술(四甲戌)로 태어난
논개(論介)

*논개초상

논개 하면 우리 역사에 사랑과 절개로 널리 알려진 인물이다.

조선에 이런 인물이 있는가 싶을 정도로 대표적인 의인이다. 관광 일행이 논개사당에 도착했을때는 오후 2시였다. 논개의 아름다운 모습과 의연한 자태에 다시 한번 머리가 숙여졌다.

논개는 전라북도 장수에서 태어나 13살에 부친이 죽고 편모 슬하에서 자랐다. 부친의 이름은 주문달이고 어머니는 밀양박씨로 숙부 주달무가 김풍현의 민 며느리로 팔려고하자 모녀는 어머니의 친정인 경상남도 안의현으로 피신하였다가 김풍현의 고소로 체포되었으나 취조 결과 무죄방면으로 나왔다. 갈 곳이 없는 논개를 현감인 최경희의 집에서 시중을 들게하다가 최경희의 부인 김씨가 죽자 최현감의 후실로 들어가게 되었다.

논개는 선조 7년(1574) 9월 3일 장수군 장계면 대곡리 주촌마을에서 갑술년(甲戌年), 갑술월(甲戌月), 갑술일(甲戌日), 갑술시(甲戌時) 등 4 갑술의 특이한 사주를 갖고 태어났다. 술(戌)은 개(犬)의 뜻을 지니고 있어 이름을 논개라고 지었다 한다. 천품이 영리하고 아버지가 훈장으로 있는 서당에서 열 살까지 한문을 배웠는데 한번 들으면 열 가지를 알았고(문일지십 聞一知十), 한 번 배우면 세 가지를 깨달았다(학일각삼 學一覺三)고 한다. 또한 미색이 출중하여 동내 총각들이 잔뜩 침을 흘렸다고 하니 얼마나 아름다운 미색과 학덕을 갖춘 여인이었겠는가.

선조 25년(1592) 왜적 20만 대군이 조선을 침략하자 장수 현감 최경희는 다음 해 4월 경상우도 병마절도사로 임명되어 진주로 부임했다.

논개는 최현감에게 간청하여 함께 따라갔다. 전세가 불리하여 후퇴하던 중 왜군은 퇴로를 막고 진주성을 공격하기 위해 총력을 기울였다.

아녀자들이 나서서 치마폭으로 돌맹이를 나르고 큰 가마솥에 물을 끓여 성벽을 기어오르는 왜병에게 퍼부으며 최후까지 싸웠다. 그 일을 계기로 남편과 함께 나라를 사랑하는 마음이 누구보다도 더욱 돈독해졌다고 한다.

선조 26년(1593) 6월 29일 불행하게도 진주성이 함락되고 평생을 의지하려던 부군마저 전사하자 논개는 슬픔의 날로 지새웠다. 승리에 도취한 왜병들이 칠월 칠석을 기해 진주 남강 촉석루에서 승전 잔치를 연다는 소식을 듣고 논개는 스스로 잔치마당에 갔다. 한창 흥이 돋구어질 무렵 왜장 게다니 무라로꾸스케(毛谷村六助)를 위암으로 유인하여 그의 허리를 껴안고 남강 절벽 아래로 몸을 던져 19세 꽃다운 나이에 나라를 지킨 의인이 되었다. 그 후 나라에서 의암(義巖)이라는 시호를 하사하였다.

논개의 어린시절을 보면 7살에 재주가 비범하여 한시를 읊고 효성이 지극하여 부모를 기쁘게 하였다. 13살에 부친이 와병으로 신음할 때 그 곁을 떠나지않고 불철주야 지성으로 간병하였다 한다. 부모에 대한 지극정성은 이미 나라에의 큰 뜻에 애국정신으로 승화되었으며, 최현감의 가르침에 더욱 사람다운 인품을 갖추었다. 현숙했던 현감 부인 김씨의 부덕을 쌓아 거사할 수 있는 애국심이 확립되었다고 본다.

애국심을 바탕으로 진주성 싸움에 용감하게 사녀단(士女團)을 조직하였으며, 나라 사랑함은 어느때보다 강하였다고 볼 수 있다. 5천여 평의 논개사당을 돌아보며 논개의 영정 앞에 큰 연못은 어딘가 모르게 남강의 촉석루를 연상케하였다. 명리학의 대가인 ○○○의 논개의 사주 풀이한 것을 보면 갑, 목(甲, 木)이 4개이고 술, 토(戌, 土)가 4개이니 목과 토를 통관시키는 화(火)가 용신이라 극, 귀(極, 貴)의 사주에다 여자의 사주이기에 지지(地支)에 모두 토(土)를 깔고 있는 팔자라 기구하다고 한다.

그 해가 계사년(癸巳年)이라 사화(巳火)는 화라 좋을 것 같지만 대운은 신(申)운이니 신사(申巳)를 합하여 수(水)가 되어 사, 화(巳, 火) 용신(用申)을 합거(合去)하니 길한 것이 변하여 흉(吉變凶)이 되어 꽃다운 나이에 순절한 것이라고 한다. 그와 똑같은 사주 4갑술(4甲戌)을 갖고 태어난 조선왕조 21대 최장기 임금자리를 지킨 영조의 사주와 같다.

논개 출생 후 꼭 120년 뒤에 태어난 영조는 1776년 83살에 죽었다. 똑같은 사주에 한 여인은 19세의 꽃다운 나이에 죽고 한 사람은 27분의 임금 중 83세의 가장 오랜 생을 살아 두분의 운명이 정 반대 되어 비교가 된다. 우리말에 무진장이라는 말이 있다. 그 뜻이 끝없이 많음을 의미한다. 이 말은 전라북도 무주군, 진안군, 장수군의 첫 자를 따서 "무진장"이라는 말이 나왔다고 한다. 무진장의 장수는 삼절의 고장이요 논개사당, 장수향교, 탁루비각(坼淚碑閣)등을 자랑하고 있지만 그 중 논개사당은 1846년 장수현감이 정주성을 건립하고 1943년 제2차 세계대전으로 손실되었다가 1974년 현 위치에 다시 이전하여 전북기념물 46호로 그 고장을 빛내고 있다. 그 앞마당 비석에는 변영노씨가 지은 시가 있다.

논개(論介) _변영노

거룩한 분노는 종교보다 깊고
불붙는 정열은 사랑보다 강하다.

아! 강낭콩 꽃보다도 더 푸른
그 물결 위에
양귀비 꽃보다도 더 붉은 그 마음 흘러라.

아리땁던 그 아미(蛾眉) 높게 흔들리우며
그 석류 속 같은 입술 죽음을 입맞추었네!

아! 강낭콩 꽃보다도 더 푸른
그 물결위에
양귀비 꽃보다도 더 붉은 그 마음 흘러라.

흐르는 강물은 기리기리 푸르리니
그대의 꽃다운 혼

*논개사당

왜적에 대한 적개심과 애국충절에 목숨을 아낌없이 던진 장한 의거를 기린 시다. 충, 효, 열(忠, 孝, 列)의 표상이기도 한 논개는 구국의 일념으로 오직 나라를 구하고자 한, 여인의 나라사랑은 후

손들에게 많은 애국심과 교훈을 주고 있다. 오색으로 물들어가는 가을
단풍만큼이나 아름다운 곳 광활한 갈대숲이 있는 장안산을 필두로 노령
산맥과 소백산맥이 만나 우뚝선 팔공산 자락에 의암사당을 보면서 논개
의 충의정신을 다시 한번 되새겨 본다.

춘향의 삶

광한루(廣寒樓)

*성춘향 초상

광한루(廣寒樓)는 춘향의 역사가 담겨
져 있는 곳이다.

답사일행이 마이산과 지리산의 노고단
을 가면서 남원 땅 광한루를 찾았을 때는
신록의 계절 5월인지라 신혼부부들의 밀
월여행으로 사진촬영이 한창이었다.

1419년 세종 원년에 황희 정승이 광통루(廣通樓)라는 이름으로 건립
하였다가 1444년 세종 26년에 정인지가 광한루로 개칭하였다고 한다.

1597년에 정유재란으로 전소되었다가 1638년 인조 16년에 남원부사
신감(申鑑)이 재건, 보물 281호로 지정하여 오늘에 이르고 있다.

'광한루' 하면 세 사람의 인물이 떠오른다.

성춘향(成春香), 변학도(卞學徒), 이몽룡(李夢龍) 이 사람들은 고대소
설에 나오는 주인공들이다.

춘향이는 남원의 퇴기 월매의 딸로서 남원부사의 아들 이몽룡과 백년
가약을 맺는다. 우여곡절과 난관에 부대끼면서도, 변학도의 수청을 거

20

허공에 맴도는 조선인의 그림자

절하여 절개를 지킨다. 춘향은 암행어사가 된 이몽룡에게 구출되어 왕으로부터 정령부인이라는 칭호까지 받는다.

변학도는 새 남원부사로 부임하여 춘향이에게 수청을 강요하였으나 뜻을 이루지 못하고 주색(酒色)에 빠져 정사를 게을리하였다.

그는 생일 첫날 암행어사가 되어 내려온 춘향의 애인 이몽룡의 출두로 파면되었으며 무능하고 부패한 관리의 대표적인 인물로 그려져 역사에 남는다.

이몽룡은 예전 남원 부사의 아들로 풍채는 당나라 시인 두목지와 같고 도량은 푸른 바다와 같았다 한다. 지혜는 활달하였으며 문장은 이태백이요 글씨는 왕희지와 같은 인물이었다. 그 당시 시대상으로 결코 용납이 안 되는 퇴기 월매의 딸 춘향의 미모에 홀려 과거공부에 힘쓰지 않고 사랑에 빠져 신분에 관계없이 구애를 요구한 인물로 등장한다.

광한루에서 제 77회 춘향제가 열렸다.

'사랑은 단 하루라도 천년입니다' 라는 표어를 내걸고 2007년 5월 4일부터 5월 8일까지 대대적인 행사가 열렸다.

행사 일정을 보면 3일 춘향 학술심포지엄을 갖는 것을 필두로 4일은 국악경연대회, 춘향묘 참배, 저녁에는 불꽃놀이를 한다.

5, 6일이 주요행사 일로 씨름대회, 그네뛰기, 창극춘향전, 전통혼례 등 각가지 행사와 더불어 예술회관에서는 춘향가요제가 열린다.

여기에 부수적인 행사를 보면 전통음식 체험과, 사진촬영대회, 외국인유학생 문화기행 또한 봉화산 철쭉제까지 큰 행사를 갖고 보니 남원 일대가 온통 축제 분위기 일색이라 한다.

초청장을 받고 행사에 참여해야 되겠다고 생각하면서도 얼른 엄두가 나지 않는다. 거리도 멀거니와 지방자치제가 실시되고부터 5월에는 각 지방마다 자기 고장의 특색을 살려 행사를 갖는 일이 너무 많다. 갈 곳이 많다보니 아예 포기하고 만다. '춘향전' 하면 고대소설 중 최고의 걸작품으로 친다. 작가와 지은 연대는 미상이나 영, 정조 때 되지않나 본다.

내용이 허위를 배척하고 진실을 요구하며 사회적 모순을 지적하고 봉건주의를 타파하고 있다. 인간성을 해방시키고 평등계급의 정신을 심어주며 자유연애의 기틀을 잡은 염정(艶情)소설이다. 춘향은 사랑의 대표적인 인물이다.

많은 시련과 협박을 이겨가며 사랑과 절개를 지키는 꿋꿋함은 한국여인의 대표적인 표상이라 할 수 있다.

사랑과 절개를 버리지 못하는 한 여인의 깊은 마음, 광한루의 애절한 역사가 오늘날 우리에게 깊은 감동을 주고 있다.

칠월칠석에 만나는 오작교(烏鵲橋)를 꼭꼭 밟으며 걷는 사람은 최대의 행복과 부부 백년 해로의 정을 누린다하여 그 곳을 찾아 밟는 사람이 무척 많다. 영정이 있는 사당 앞에서 춘향제향이 이루어지고 그녀가 타고 노닐던 그네 앞에서는 그네뛰기대회가 열린다.

광한루에서 바라보이는 월매의 집에서는 외국여성 전통혼례식이 거행되고 있다. 해마다 5월이면 남원은 온통 축제 분위기로 들뜬다. 사랑과 절개를 지키는 대표적인 여인상의 춘향제다.

광한루는 서양문물이 만연한 지금 정조관념이 희박한 현대인들에게 표상이 되는 건물이기도 하다.

＊광한루

병자호란이 남긴
환향녀(還鄕女)

*헤원 신윤복의 개변가화

환향녀는 고향에 돌아온 여자를 말한다. 그런데 언제인가 바람이 나서 몸을 버린 여자로 그 뜻이 변질되어 화냥년으로 구전되어 왔다. 내가 어렸을 적 동네 어른들이 여자아이가 품행이 단정하지 못하면 "화냥년 같으니"라고 하는 말을 자주 들었다.

월간조선 편집장을 지낸 조갑제씨가 광화문 금호그룹 빌딩 3층 강당에서 토요일마다 '시국과 역사'에 대한 강의를 한다. 나는 강의제목에 이끌려 매주 참석한다. 몇 주 전 '병자호란과 남한산성'이란 주제로 월간조선 편집기자 정순태씨가 강의 하였다. 강의 내용 중 환향녀에 대한 이야기에 많은 시간을 할애하였다.

인조 14년(1636) 12월 병자호란을 맞아 청태종이 그 나라 장수 용골대와 마부대를 이끌고 10만 대군을 보내어 조선을 침범하였다.

조선조정은 남한산성으로 들어가 45일 간을 버티다가 1637년 1월 30일 청태종 앞에 무릎을 꿇고 항복했다.

남한산성 서문을 나선 인조는 송파나루 수항당에서 '삼배구고두(三拜九叩頭)(3번 절하고 9번 머리를 조아림)'의 치욕을 당했다. 그 증표인 '삼전도비'가 송파구 석촌동 주택가에 세워져 있다.

청태종은 세 가지 강화조약을 맺는다. '첫째, 청나라와 조선은 임금과 신하관계'이고 '둘째, 명나라와 국교를 끊고' '셋째, 매년 조공을 바치라는 것'이다.

소현세자와 봉림대군 두 분의 세자를 인질로 데려가면서 조선인 50여 만 명을 심양으로 끌고 갔다. 심양에 가면 남변문(南邊門)이 있던 자리에 라마교(티베트, 불교)의 서양식 탑, 남탑(南塔)이 우뚝 서있다.

그곳이 심양으로 끌고 간 조선인들을 거래하던 인신매매 현장이다.

기록에 보면 당초 몸값은 조(朝)·청(淸) 양국간의 협의에 의해 상인(常人)의 경우 1인당 25~30량, 양반은 1인당 100~250량으로 책정되었다. 그러나 부유한 사대부들의 사사로운 뒷거래로 인하여 1500량까지 급등했다.

남탑 거리는 늘 울음바다였다. 가족을 구하려고 수천리 길을 갔다가 몸값이 올라 포기하고 다시 돌아갈 수 밖에 없었던 조선 사람들과 포로들의 설움이 터져 나왔기 때문이다.

어느날 강화도에 사는 강해수라는 선비가 어머니, 동생, 아들을 구하려고 세 사람 몫의 돈을 준비해 심양에 갔다. 가는 도중 한 사람 분을 노자로 써서 두 사람 분밖에 없는데, 가서보니 어머니는 돌아가시고 동생과 아들 두 사람만 남았다. 청나라 사람은 조선인이 조상을 위하고 신주를 잘 모시는 풍습을 알고 어머니 신주를 만들어 한 사람 몫을 내라고 하기에, 김생은 사랑하는 아들을 떼어놓고 동생과 어머니 신주를 갖고 돌아왔다는 기록이 있다.

심양에서 돌아온 여자들이 갈 곳이 없었다. 사대부에는 남의 처나, 첩들을 화냥년이라 하여 받아들이지 않았기 때문이다. 조선시대는 유교가 근본이라 여인의 절개가 도덕의 척도로 평가되던 시절에 설사 전란 후 유증이라 해도 더럽혀진 여인들에게는 화냥년이라는 굴레가 쓰여질뿐이었다.

버림받는 여인들이 스스로 목숨을 포기하여 목을 매고, 더러는 강물에 몸을 던지기도 하여 길가에는 여인들의 주검이 줄을 이었다.

환향녀들이 절개를 잃고 몸은 비록 망쳤다하나 이는 스스로 음행을 자행한 것이 아니라 극심한 전란으로 적지에 인질이 되었던, 만 부득이한 데서 비롯됐다.

'남한산성'(南漢山城)에 가면 서문 2층 문루에 병자호란을 단신으로 관리한 최명길(崔鳴吉)의 이름 석자를 쓴 현판이 크게 부각된다. 그는 위급한 상황을 만나면 피하지 않고 분명히 처리하는, 한 시대를 구제한 재상이다.

최명길은 인조를 배알하고 궁여지책을 진언했다. 신이 참아 입에 담기 민망하오나 나라에 힘이 있었던들 이 같은 일이 생겼겠습니까?

각 고을에 강을 지정하여 정해진 날짜에 지정해준 강에서 몸을 깨끗이 씻게 함으로 심신을 모두 닦은 것으로 하자고 말했다. 그런 연후에 따뜻이 맞아드리도록 하라는 전교를 내리라는 충언이었다.

인조는 교지를 내려 경기도 일원은 한강, 강원도는 소양강, 충청도는 금강, 황해도는 예성강, 평안도는 대동강을 각각 회절강(回節江)으로 삼았다.

서대문구 홍제동에 홍제천(弘濟川)이 있는데 환향녀들이 그 개천에서 몸을 씻었다. 홍제(弘濟)라는 말은 '널리 구제한다' 는 뜻에서 홍제천이란 이름이 붙여졌다고 한다. 인조는 회절한 환향녀를 받아들이지 않으면 국법으로 다스린다는 엄명을 내렸다. 사대부가에서는 '울며 겨자먹기' 로 인조의 수습책을 따를 수밖에 없어 죽어가는 조선여인들을 살렸다 한다.

나는 역사공부를 하면서 역사적인 사건 두 가지를 잊지 못하고 항상 애통하게 생각하며 후손들에게 남겨주지 말아야하는 절박감마저 느낀다.

임진왜란 때는 전쟁의 참화 속에서 먹을 것이 없어 인육(人肉)을 먹었던 일이요, 병자호란 때는 전쟁의 버림 속에 한없이 울부짖으며 죽어 갔던 환향녀에 대한 사실이다.

선조가 이율곡의 '10만양병설'을 받아들였으면 임진왜란은 막았을 것이며, 인조는 숭명사상(崇明思想)에서 광해군의 중립외교와 현실노선만 실천하였어도 병자호란은 일어나지 않았을 것이다.

430여 년 전의 국란(國亂)이 지금까지도 전해 와 다시 한번 화냥년의 부끄러운 말이 환향녀(還鄕女) 즉 '고향으로 돌아온 여인'이란 아름다운말로 치욕(恥辱)의 한(恨)을 씻었으면 한다.

*남한산성

조선의 어머니
신사임당(申師任堂)

*신사임당 초상

조선왕조 500년 역사이야기를 집필하기 위해 나는 조선 성리학의 대가인 이율곡 유적지 강릉 오죽헌과 경기도 파주 자운서원을 찾았다.

두 곳에서 율곡의 역사적 사실을 조사하다가 신사임당의 행적을 찾아보게 되었다.

신사임당은 조선이 낳은 천재적 화가이며 서예가, 시인이다. 신사임당은 유한정정(幽閑貞靜), 즉 우아하고 품위 있고 낙천적이며 정조가 굳건한데다가 침착하게 일을 해내는 대표적인 여인임을 알 수 있었다.

신사임당은 두 군데 인연을 갖고 있다. 한 곳은 강릉 오죽헌에서 태어나 성장하며 생활했던 곳이며, 또 한 곳은 48세에 세상을 떠나 율곡과 함께 묻혀 있는 자운서원이다.

신사임당은 아름다운 경포대 근처 호숫가 북평촌에서 1504년 10월에 태어났다. 아버지 신명화와 어머니 이씨 사이에서 태어난 자식은 딸만 다섯이었는데 사임당은 둘째딸이었다. 북평촌 오죽헌은 본래 1505년

병조참판을 지낸 수재 최홍현 댁이었다. 최홍현은 둘째딸이 사임당의 외할아버지 이사온과 혼인하여 이 집을 둘째 사위에게 물려주었다.

이사온과 최씨 사이에 태어난 용인 이씨는 신명화에게 시집을 가 친정어머니 최씨가 병이 나자 간호를 하기위해 강릉에 내려왔다가 그 길로 계속 머무르게 되었다. 그래서 신사임당도 이곳 오죽헌에서 태어나게 되었다.

자운서원은 경기도 파주시 법원읍 동문리에 있는 서원으로 대학자 율곡 이이(李珥)의 학문과 덕행을 추모하기 위해 지방 유림들로 하여금 창건된 곳이며 효종 원년에 자운(紫雲)이란 사액을 받은 서원이다.

자운서원에 들어서면 제일 먼저 눈에 띄는 곳이 율곡기념관이다.

기념관 안에는 율곡의 영정, 행적과 함께 어머니인 신사임당의 영정, 그림, 글씨, 시가 전시되어 있다. 그 곳에서 한참 올라가면 자운서원 뒤 13개의 묘역이 조성되어 있는데 신사임당은 아들 율곡 묘 맨 앞에 안장되어 있다.

사임당의 부모는 평소 총명하고 효성이 지극한 사위를 불러놓고 "자네 처만은 내 곁에서 떠나게 할 수 없네"라고 하여 당분간 처가에서 살게 되었다고 한다. 시집을 갔지만 친정에 있다보니 아들 율곡도 오죽헌에서 태어나게 되었다.

오죽헌이 오늘날 우리나라 대표적인 유적지와 강릉의 대명사로 불리고 있는 까닭은 겨레의 어머니 신사임당과 나라의 스승 이율곡이 이곳에서 태어났기 때문이다.

오죽헌은 이처럼 역사적으로 유서 깊은 곳이기도 하지만 우리나라에서 가장 오래된 건축물의 하나이기도 하다. 건축 양식과 구조가 문화재적 가치가 뛰어나 1963년 1월 21일 국가에서 보물 제165호로 지정되어 관리하고 있다.

*율곡 이이 초상

현재모습은 1975년 박정희 대통령에 의해 정화사업 차원에서 새로운 모습으로 가꾸어졌다.

강릉 오죽헌에 가려면 서울에서 출발하여 영동고속도로 끝나는 지점에서 양양 쪽으로 조금 지나면 좌측으로 오죽헌의 큰 간판이 보인다. 그 곳 매표소로 들어서면 제일 먼저 눈에 띄는 곳이 문성사(文成祠)다.

문성사는 사임당의 영정과 율곡의 영정을 모신 곳이다. 원래 문성사라는

*청포도

말은 왕이나 재상, 학문에 정통하고 행적이 바른 사람이 죽은 뒤에 그들의 공덕을 칭송하기 위해 내리는 관위를 말한다.

문성사 안에 율곡의 영정을 모신 곳을 몽룡실(夢龍室)이라고 하며 율곡이 태어난 방이다. 그 옆 어제각에는 율곡이 어렸을 때 쓰던 벼루와 글을 처음 배우는 사람들을 일깨우기 위해 지은 『격몽요결(擊蒙要訣)』이 있으며 율곡기념관에는 신사임당을 비롯해 율곡, 매창, 옥산 등 사임당과 그 자녀들의 작품이 전시되어 있다.

사임당은 본래 이름이 아니라 따로 지어 불렀던 호(號)였다. 이름은 '인선'이라고 밝힌 것도 있으나 확실한 이름은 아니다. 사(師)는 '스승을 본받다는' 뜻이고 임(任)은 옛날 중국에 문왕(文王)이라는, 뛰어난 임금의 어머니 태임(太任)의 이름에서 따왔다고 한다. 문왕의 어머니가 임신하였을 때 눈으로 좋지 못한 것은 보지 않았고 귀로는 음탕한 소리를 듣지 않았으며 입으로는 나쁜 말을 하지 않았다고 한다.

사임당도 이를 본받아 율곡을 임신했을 때 이 같은 태교(胎敎)로 몸을 조심했다.

훌륭한 율곡이 태어난 일설에는 다음과 같은 야화가 있다.

남편 이원수가 사임당과 10년 공부를 약속하고 서울에서 공부에 열중하고 있을 때였다. 부인과 헤어진 뒤 3년이 지나 불현듯 부인이 보고 싶어 한번 다녀와야 되겠다는 생각 끝에 길을 떠났다. 서울을 떠나 대화라는 두메 산촌까지 왔으나 날이 저물어 더 갈 수가 없어 하는 수 없이 가까운 주막집에 들어가 하룻밤을 자고 떠나기로 하였다. 밤이 깊었는데 예쁘게 단장한 주막집 색시가 술상을 차려 들어와 공손히 술상을 올린다음 하룻밤 인연을 맺게 해달라고 간곡히 청하였다 한다.

이원수는 너무나 황당해 어찌할 바를 몰라 하고 있을 때, 3년 전 남편을 위해 마음 쓰던 신사임당의 어진 모습이 떠올라 얼른 정신을 차리고 자세를 엄숙히 하며 그녀의 간청을 물리쳤다 한다. 다음날 아침 그곳을 떠나 부인과 반갑게 만나 며칠을 지낸 뒤 다시 작별을 하고 서울로 올라가는 길에 전날 주막집 색시가 문득 생각나 다시 주막집을 찾아갔다. 색시는 전과 같이 반가이 맞으며 술상을 차려 들어와, 이원수는 지나번 청을 들어주지 못한 사연을 말하고 오늘밤에 그 청을 들어주겠노라 하니, 여인은 저를 사랑스럽게 보아주는 것은 고마우나 지난번에는 남자의 품이 그리워 손님께 안기고자 했던 것이 아니라 그때 손님을 보니 귀한 아드님을 얻을 상이라 제가 그 아드님을 받아볼 욕심으로 그랬던 것입니다. 이제는 손님의 얼굴에 상서러운 기운이 사라지고 없습니다. "부인과 동침하신 뒤로 귀한 아드님을 부인께서 잉태하셨기 때문입니다"라고 말했다. 그런데 꼭 열 달 만에 사임당은 율곡을 낳았다. 사임당이 그날 밤 꿈을 꾸고 낳았다 하여 태어난 방을 몽룡실이라고 부르고, 용이 나타나는 꿈을 꾸었다 하여 어릴 때 이름을 현룡(見龍)이라 불렀다.

신사임당은 역사상 가장 뛰어난 여류 예술가다. 경전에 능통하고 글씨도 잘 썼으며 바느질과 자수에도 뛰어났다. 산수와 풀벌레 그림은 지극히 정묘하여 병풍과 족자가 세상에 많이 전해지고 있다. 뿐만 아니라 풀벌레 채색그림은 산뜻하고 맑은 기운이 화폭 속에 마치 살아있는 것 같다.

사임당은 일곱 살 때부터 안견(조선초기화가)의 산수화를 본보기로 그림을 그리기 시작하였다. 사임당은 자연의 오묘한 조화까지 빼놓지 않고 관찰한 다음 그림을 그렸다. 풀숲에 무리지어 있는 벌레를 그린 초충화첩(草蟲畵帖)이라는 그림은 마당에 꺼내두었는데 닭이 쫓아와 그림속의 벌레를 마구 쪼아댔다고 한다. 사임당은 산수화에도 뛰어났으며 포도, 꽃, 새, 고기와 새우, 난초 등의 그림에도 뛰어났다.

하루는 신사임당이 어떤 잔치 집에 초대되어 갔는데 무슨 까닭인지 일을 도우러 왔던 부인이 울며 서있어 그 까닭을 물었다. 부인은 집이 가난하여 치마저고리를 빌려 입고 왔는데 그만 실수하여 치마를 더럽혔으니 어찌하면 좋을지 모르겠다면서 울먹였다. 사임당은 빙그레 웃으면서 "걱정하지 마세요"하고 붓을 꺼내어 그 자리에서 치마에 포도그림을 그려 순식간에 진짜와 다름없는 그림을 완성했다.

사임당은 치마를 건네주며 시장에 팔라고 하여 부인은 비싼 값에 팔아 새로운 치마를 사서 주인에게 돌려주었다 한다.

예부터 조선에는 역사에 이름을 남긴 정치가, 학자, 예술가들이 배출되었는데 그 뒤에는 훌륭한 어머니의 가르침이 있었다. 을지문덕, 강감찬, 이순신, 박지원, 정다산 등 조국과 민족을 위해 공헌을 했던 위인들의 어머니는 모두 지혜롭고 엄하면서 어진 어머니였다. 이런 위인 어머니들은 봉건사회 억압에서도 자녀교육에 전력을 기울였다. 조국과 민족을 사랑하는 마음을 심어주고 인도(人道), 천도(天道)를 가르쳤으며 학문이나 무예 등을 철저히 몸에 익히게 하였다.

신사임당도 그런 어머니의 한사람으로 아들을 위대한 학자로 키운 여성이었다. 그러기에 조선의 대표적인 여인을 상징코저 내년에 10만원 지폐가 발행될 예정인데 그 지폐에 신사임당이 거론되고 있다. 아들은 5천원 지폐, 어머니는 10만원 지폐에 나온다니 눈여겨 볼 만 하다.

*조충도-가지와 방아개비

조선시대(朝鮮時代)의
여인상(女人像)

*조선시대 여인

허공에 맴도는 조선인의 그림자

생구(生口)라는 말은 소, 말, 닭, 개와 같은 유용한 가축, 또는 하인이나 머슴 같이 한 식구처럼 살아가는 모든 것을 통 털어 말할 때 쓰인다.

이 말은 고려 때까지 불려져 왔다. 옛날에 여자를 생구로 취급해 불렀던 시대가 있었다. 여자에 대한 대우를 천박하게 하였다는 뜻이다.

공자는 "여자는 아이를 낳고 살림을 한다는 역할 이외 아무 쓸모가 없다" 라고까지 말했다.

김형규 씨의 〈국어사〉에 보면 '여자' 라는 명칭이 삼국시대 때 '가시'(각씨)는 씨족사회에서 불리던 말, '계집(겨집)' 즉 재가(在家)는 집에 있다는 말, '어미내(이미내)' 는 어머니와 애가 합한 말이었다. 여자는 반드시 애를 가진다는 말뜻으로 고려시대 때 불러지다가 조선조에 들어와 안애로 변했다.

여자는 안, 안방에 있다는 말. 안(內)과 애가 합한 말이다. '마누라'

는 비종이 주인에게 부르는 말, 마나님에서 어원을 찾아볼 수 있다.

요즈음 사용하는 말, 부인(婦人)의 부는 여자(女)가 빗자루 추(帚)를 들고 있다는, 즉 여자는 방, 마당 등을 청소한다는 뜻이다. 이렇게 여자의 명칭이 각씨, 계집, 어미네, 안애, 마누라, 부인 등으로 변한 것을 알 수 있다.

조선 여인들은 원(怨)과 한(恨)을 가지고 살아왔다. 한이 많으면 죽어서도 귀신이 된다고 한다. 원을 갖고 살다가 한을 품고 죽어서 귀신이 되다보니 여자 귀신만 있다는 설이 있다. 조선여인들의 수난사를 보면 빈곤과 전쟁에 대한 한이 많다. 조선시대 고전소설에 나타난 야담과 전쟁사에 대한 글을 몇 가지 예로 들면 알 수 있다.

흥부전(현종 때 추정)에 나오는 흥부는 나이 40세에 자식이 25명이나 된다. 열다섯 살에 장가가서 매년 한 명씩 낳았다는 얘기다. 흥부 마누라가 25명의 자식을 먹여살리다보니 그 생활이 오죽 했겠는가! 가난과 굶주림이 빈번할진데 굶기를 부잣집 밥 먹듯이 하였다. 입을 옷이 없어 명석에 구멍 뚫어 몸만 가려 옷 대용으로 입혔다. 뒷간갈 때 명석 옷 입은 스물다섯 아이가 같은 행동을하니 바라보는 흥부마누라 뼛골이 사무쳤다.

변강쇠전(숙종 때 추정) 주인공 옹녀는 팔자가 기이하고 가난에 허덕여 지긋지긋한 삶을 살아간다. 나이 15살에 남편 급살 맞아 죽고 혼자서 살기 어려워 두 번째 결혼한다. 그러나 16살에 등창 병, 17살에 벼락 맞아 또 죽고 18살에 용천 병, 19살에 절도죄, 20살에 얻은 네 번째 남편 변강쇠를 맞아 살아간다.

변강쇠는 게으르기 이루 말할 수 없어 놀고 먹는다고 구박주니, 나무하러 지리산 함양 땅에 가서 겨우 천하대장군, 지하여장군 장승 두 개를 지고와 군불을 때니 8도 장승 다모여 변강쇠에게 99가지 병을 주어 말려 죽인다. 옹녀는 남편 시체치우기가 지겹다고 신세타령하며 팔자 사나운 일생을 보냈다.

심청전(영조 때)에서도 심청이가 쌀 300석에 팔려가 인당수 물에 빠져 죽으며 오직 효로써 아버지의 눈을 뜨게 한다. 가난이 원수요, 괴로운 삶을 갖고 이승에 다시 태어났으니 한 맺힌 여정이 아닐까 한다.

반만년 역사를 지닌 우리 민족의 전쟁사를 보면 전 세계 192개국 중 무려 931회의 침략을 받았다. 세계 어느 나라에 비해 가장 많은 침략을 받았으며 동족상잔(同族相殘)의 싸움이 281회라고 하니 전쟁과 함께 살아 왔다고 해도 과언이 아니다. 주변 강대국의 침략 속에 조선 여인들은 전쟁의 희생물이 되었다.

고구려 여인 7000명이 당나라에 잡혀갈 때 정조를 잃는 것 못지않게 고난이 극심했다니 그 괴로움이 얼마나 컸을까 짐작된다. 원나라(몽골족)지배 하에 고려의 추별도감은 나이 13~16세의 처녀를 조공으로 받쳐야하기에 어머니들은 조혼을 서둘렀으며 머나먼 이국땅에서 슬픔을 갖고 살아가는 여인의 마음에는 원한이 가득 찼다. 임진왜란 또한 우리 역사에 크나큰 혼란과 빈곤을 남겼다.

민족의 상징인 경복궁이 불타고 역사의 사적이 잿더미로 바뀔 때 굶주림에 허덕이며 연명하고, 인육을 먹으며 남편을 전쟁에서 잃었던 여인들은 한없이 눈물만 흘렸다.

병자호란 때 인조가 청태종에게 3배 9고두 치욕을 겪으면서 삼천 명의 여인을 인질로 데려가는 비참한 상황, 그때 나온 '환향녀'라는 말은 홍제천의 역사가 말해주고 있다. 머나먼 이국땅에 만신창이가 되어 조국에 들어온 여인들, 여자의 정조를 생명보다 더 귀하게 여겼던 유교시절, 고향에 돌아온 여인들은 너무나 뼈에 사무친 통한으로 스스로 목매달아 죽어갔다.

병자호란 때 강화에 사는 강해수라는 사람은 식구들이 다 심양 땅에 붙들려가 몸값을 지불하고 찾아올 때 어머니, 동생, 아들 세 사람의 몫을 갖고 먼 길을 떠났다. 한사람의 몫은 노비로 다 써버리고 두 사람의 몸값만 남았는데 가서 보니 어머니는 죽고 동생과 아들만 남았다.

동생과 아들 값만 지불
하고 찾아오면 되지만 옛
날 유교적 전통사회에서
는 자식보다 조상을 더
위했기에 두 사람의 몫인
어머니 신주와 동생만 치
루고 사랑하는 아들을 떼
어놓고 왔을 때 어머니의

*조선시대 여인

괴로움은 철천지한(徹天之恨)으로 사무쳤다.

여자가 한을 품으면 오뉴월에도 서리가 내린다고 했다. 일제 36년의
역사 속에 일본에 강제로 징병되고 정신대로 끌려가고, 자식이 일본인
의 싸움터에 제물로 희생될 때 우리 어머니들의 괴로움은 이루 말할 수
없었을 터이다.

임진왜란 때 일본의 나가사끼 한인촌, 병자호란 때 중국 심양 땅의
한인촌, 일제 36년에 해방과 함께 돌아오지 못해 정착된 곳, 소련(러시
아)의 사할린 한인촌은 우리민족의 비극인 전쟁의 증거보전지대로 조선
여인들의 한을 대변해 주고 있다.

〈열행록〉에 보면 집안에 불이 났을 때 제일 먼저 구하는 것이 신주,
두 번째 노부모, 세 번째 족보, 네 번째가 아들, 딸이라고 한다.

삶이 온통 한으로 남아 괴로운 심정으로 살아온 어머니들이 조선 여
인들이다.

한국의 어머니들은 마치 곡예사 같다. 윗사람 모시랴 아랫사람 거닐
랴, 식구 밥지어 먹이랴, 베 짜고 빨래하랴, 젖꼭지 물려 어린아이 키우
랴 등등 이런 모습들이 조선시대 여인들의 생활이었다.

어머니들의 나들이 풍경을 생각해 보자. 한 아이 업고 한 아이 젖 물
리고 머리에 물동이 이고 다른 한손에 이끌고 가는 아이, 억척같이 살
아온 조선의 어머니들 삶이다.

‘한국과학행동연구소’ 자료에 의하면 일제시대 한국 어머니들의 노동량이 한국 남자에 비해 76%, 일본 여자에 비해 82%, 영국 여자에 비해 212%, 미국 여자에 380% 일을 더 했다는 통계가 나왔다. 가난과 속박에서도 그렇게 힘겨운 생활을 했다고 생각하니 원(怨)과 한(恨)을 가슴에 안고 살아왔다는 말이 짐작되고도 남는다. 우리는 결코 역사를 잊어서는 안 된다. 역사를 돌아보며 미래를 건설해야 하기에 주체의식을 가져야 한다.

나라가 있으나 주권이 없고 백성이 있으나 주체의식이 없다면 짐승과 다를 바 없다. 조선 여인들의 한을 남긴 비참한 생활을 되돌아보며 다시는 뼈저린 역사가 없기를 바라는 마음으로 밝은 미래를 만들어 가야겠다.

제 2 부

왕비 능을 돌아보고

세원지우라 불리웠던

신덕왕후의 정릉(貞陵) 이야기

*정릉의 장명등

정릉은 태조 이성계의 계비 신덕왕후(神德王后) 강씨 능, 사적 제208호로 지정되어 성북구 정릉동 산 89번지에 있다.

정릉은 돈암동사거리에서 미아리고개 넘어 길음시장 좌측으로 들어간다.

아리랑고개 넘어 복개천을 지나 정릉 삼거리 못미처 좌측으로 꾸불꾸불한 길을 들어서면 정릉입구를 가리키는 표지판이 보이고 주택 골목길 맨 끝에 매표소가 나온다.

매표소를 지나 왼편 관리사무소로 쓰고 있는 재실을 지나면 홍살문과 정자각이 보인다. 정자각 앞에서 능을 바라보면 오른편에 경자갑향(庚坐甲向 서에서 동 방향)으로 조성(造成)되어 있어 서쪽을 향해 오르게 된다.

능에 오르면 난간석과 병풍석이 없는 봉분과 상석, 망주석, 문인석,

석마가 있고 두 필씩인 석양, 석호가 보인다. 능의 면적이 9만여 평에 달하는 정릉은 다른 왕비에 비해 능의 상설 규모가 작다.

이성계는 두 명의 부인이 있었는데 고려의 풍습대로 향처(鄕妻)와 경처(京妻)가 있다. 향처인 신의왕후 한씨는 고려 말 동북지방 함흥 운전리에서 살았다하여 향처로 부르며 슬하에 6남 2녀를 두었다. 경처인 신덕왕후 강씨는 공민왕 때 권문세족 강윤성의 딸로 고려 수도인 송도에서 맞이했다 하여 경처라고 부르며 2남 1녀가 있다.

이성계가 21살의 연하인 신덕왕후를 맞이한 데에는 다음과 같은 일화가 있다. 어느 해 여름 호랑이를 사냥하던 날, 목이 말라 물을 찾는데 때마침 산 아래 우물이 보여 급히 내려가 우물가에 있는 낭자에게 "목이 마르니 물 한바가지 좀 떠주구려" 하고 청하니 여인은 물을 뜬 바가지에 버들잎 하나를 띄어주었다. 화가 난 이성계가 "물을 떠주면 그냥 줄 알이지 이게 무슨 고약한 짓이요?" 하니 낭자 말이 제가 보기엔 갈증으로 빨리 달려오시기에 "냉수를 급히 들면 탈이 날 것 같아 버들잎을 불며 천천히 드시라고 일부러 그리 하였나이다"하며 수줍은 태도로 대답했다 한다. 이 말을 듣고, 내심 감탄한 이성계는 빼어난 여인의 지혜와 미모에 도취되어 한동안 넋을 잃었다고 한다.

우물가의 만남이 인연이 되어 이성계의 즉위로 조선의 첫 왕비가 된 강씨는 자신의 소생에게 왕위를 물려주는 것이 지상 목표였다. 가장 큰 장애는 한씨 소생의 장성한 아들이었다. 그 중에서도 다섯째 방원은 이성계와 함께 전쟁터를 누볐던 무예와 과거급제까지 하여 학식을 겸비한 적수였기에 자신의 아들을 세자로 책봉하는데 대해 위험천만한 모험을 하였다.

둘째 방석을 세자로 책봉하는 데까지는 성공했으나 그로 인해 왕자의 난이 일어나 3남매를 모두 잃었다. 강씨는 이미 2년 전 세상을 떠난 뒤였기에 비명에 간 자식들을 못 본 것이 다행한 일이었다.

강씨가 세상을 떠난데 대해서는 방원의 소란에 의한 홧병 때문으로 전해지고 있다. 어느 날 "어른스럽지 못하다"는 어머니 강씨의 힐책을 들은 세자 방석이는 어른 행세를 하기 위해 궁궐 밖의 기생을 불러들여 희롱하였다 한다.

소식을 전해들은 방원이는 기회를 잡고 대궐이 놀이터가 되었으니 굿을 한다는 뜻에서 북, 장구를 치며 부왕을 찾아갔다. 이성계가 강씨에게 사건 진상을 추궁하자 몹시 분개하여 쓰러진 후 홧병을 앓다가 세상을 떠났다고 한다.

이성계의 충실한 내조자이며 정치적 동지이자 정신적 지주였던 강씨가 죽자, 태조는 한동안 비통에 잠겨 직접 강씨의 묘소를 찾아다녔다.

명복을 빌기 위해 능 옆에 암자를 짓고 조석으로 향차(香茶)를 바치었으며 17여 칸의 흥천사를 세우기도 했다. 이성계는 대궐에서 정릉의 아침 재(齋)를 올리는 불경소리를 들은 후에야 수라를 들었고 저녁에는 상식(上食)을 알리는 종소리를 듣고서야 잠자리에 들었다 한다.

강씨가 죽은 후 류준의 딸을 후궁으로 삼기도 했으나 너무나 그리웠던 강씨를 잊을 수가 없어 흥천사의 능을 돌아보는 일이 일상사가 되었고 저녁에는 강씨가 낳은 아들, 딸들과 보내는 일을 낙으로 삼았다고 한다.

이성계가 처음 능지를 정한 곳은 안암동이었으나, 산역을 할 때 물이 솟아나와 지금의 정동(구 러시아공사관 자리)에 정하게 되었다.

능이 정릉동으로 옮겨지게 된 데에는 태종 9년 태조가 8번째 왕자 방석을 세자로 책봉한데 대한 개인 감정으로 옮겨졌다.

방원(태종)이 왕위에 오르고 태조가 승하한 다음 죽은 강씨에 대한 대우가 더욱 악화되었다. 아버지의 부인은 자신의 생모인 한씨(신의왕후)뿐이며 강씨는 서모에 불과하다고 여겼다.

강씨가 아버지를 회유하여 자신의 형제들을 내치고 소생인 방석을 세자로 책봉했다는 감정을 품고 강씨의 묘를 도성 밖 사을한록(沙乙閑麓) 지금의 정릉으로 이장했다. 능을 옮긴 뒤 정자각을 헐고 목재와 석재는 각각 태평관을 짓는데 썼고 청계천 광교에 있는 흙다리가 무너지자 십이진상 석문은 돌다리를 만드는데 썼으며 "석인은 묻고 봉분은 깎아버려 무덤의 흔적을 남기지 말라"고 명을 내려 완전히 파괴되고 말았다.

태종은 자신의 생모인 한씨를 유일한 정비로 태조와 함께 신주를 종묘에 모시고 강씨는 후궁으로 격하시킨 다음 제례를 폐지하고 제사를 서모나 형수의 기신제(忌辰祭) 예에 의해 3품관으로 대행케 했다.

신덕왕후 강씨는 헌종10년 송시열의 계청으로 비로소 종묘에 배향하고 능묘로 봉심(奉審) 하였으며 능을 수리하고 재실을 중건하며 수호군을 정해주었다.

종묘에는 신덕왕후의 신위가 태묘(太廟)에 배향되던 날 유독 정릉 일대만 때 아닌 비가 내리자, 사람들은 맺힌 한을 푸는 날이라고 하면서 신덕왕후의 원을 씻어주는 비라하여 세원지우(洗寃之雨)라 불렀다 한다.

태조의 첫 부인 신의왕후 한씨가 떠난 후에 조선 개국과 이성계의 권력 집중에 큰 힘을 발휘한 고려인 세력가 집안의 딸이면서, 죽은 후에도 첩으로 학대받은 강씨는 조선의 건국과 함께 강씨가 첫 왕비임에도 불구하고 국모 대우를 받지 못하고 첩이라는 이유에서 왕비로 복권 되기까지 300여 년간 수모를 당했으니 지하에서 태종 이방원에게 원한을 품었으리라는 생각이 든다.

*정릉의 전경

송비의 사릉(思陵) 이야기

＊사릉에서

경기도 남양주시 진건면 사릉리에 조선 제 6대 단종의 부인 송씨의 사릉이 있다. 사적 제209호로 지정된 능은 비공개지역이라 아무나 들어갈 수 없다.

능 옆에 석화촌(石花村)이 있는데 돌과 꽃이 어우러져 1만 2천 평의 꽃동산에 봄이 되면 진달래와 철쭉꽃이 만발해 수많은 관광객들이 줄을 잇고 있다.

이곳은 풍양 조씨의 땅으로 판서급의 묘가 4개나 있다. 그곳에서 조금 들어가면 인조반정으로 실각한 광해군 묘가 있다. 그 일대가 풍양 조씨 땅인데 명당 터로 알려져 풍수지리학회 회원과 함께 이 일대를 답사하기 위해 그곳을 찾을 때면 가끔 사릉에 들렀다.

태릉에서 포천 일동 쪽으로 퇴계원 가는 길 삼거리에 사릉 팻말이 있다. 46번 도로를 따라 가다보면 남양주 진건면 사릉리가 나오는데 새로 만든 고속화도로 왼쪽에 사릉 표지판이 보인다.

송씨는 세종 22년에 여량부원군 송현수의 딸로 태어나 단종 2년에 왕비로 책봉되어 82세까지 장수하다 세상을 떠나자 단종의 누이 경혜공주 정씨가(鄭氏家) 묘역에 묻혔다.

숙종 24년 단종 복위와 함께 정순왕후로 추상(追上)되어 종묘에 신위가 모셔졌고 능호를 사릉(思陵)이라 하였다. 능의 석물제도(石物制度)는 대군부인의 예로 장사를 지낸 뒤 나중에 왕후의 능으로 추봉되었다. 다른 능에 비해 조촐하게 꾸며졌으며 문관, 무관, 혼유, 망유석, 장명등도 없지만 능 주위가 소나무 숲으로 둘러싸여져있어 아늑하고 단아한 느낌을 준다.

세조 1년 수양대군의 왕위 찬탈로 단종을 상왕으로 모시면서 의덕대비(懿德大妃)가 되었고 사육신의 단종 복위사건에 노산군으로 강등 되면서 송씨 역시 궁궐에서 쫓겨나 부인으로 격하되었다. 성안에 살지 못하고 몇 칸짜리 초옥(草屋)을 지어 거처하면서 흰옷과 소찬으로 평생을 보냈다.

송씨는 성품이 공손하고 검소하여 15세에 왕비로 책봉되었으며 조선시대 수많은 왕후와 후궁들 중, 가장 한 많은 여인으로 기록되었다.

종로구 숭인동 일대에 지금도 송씨의 슬픈 여정을 담고 일생을 보낸 흔적들이 남아있어 그 당시 애달픈 사연을 말해주고 있으며 이곳에 송씨의 삶이 얽힌 동망봉, 자주동샘, 청룡사, 산신각 등이 있다.

종로구 숭인동과 성북구 보문동 사이에 우뚝 솟은 바위, 즉 채석장이 있는 바위가 동망봉이다. 송씨는 단종과 이별 후 조석으로 산봉우리에 올라가 소복을 하고 단종 유배지인 영월쪽을 향해 통곡을 했는데 그 곡소리가 산 아래 마을까지 들려 온 마을 여인들이 땅 한번 치고 가슴 한번 치는 동정곡(同情哭)을 했다 한다. 정순왕후 송씨는 근처 정업원에서 시녀와 함께 지내면서 매일 조석으로 올라와 명복을 빌었기에 동망봉(東望峰)이라 했다.

이화여대부속병원 동쪽 뒷길 서울 성곽을 따라 올라가면 낙산 정상이 보이는데 요즈음은 동대문에서 청룡사를 거쳐 산 정상까지 마을버스가 운행한다.

종점 못 미쳐 원각사 옆에 옷감이 자주색으로 염색 되는 자주동샘(紫芝洞泉)이 있어 이 일대를 자주골, 자주동이라 불렀다. 송씨는 이곳에서 명주를 짜서 댕기, 저고리 깃, 옷고름 끝동을 만들어 시장에 내다 팔아 생계를 이어갔다. 그러던 어느날 정업원에서 서쪽으로 30여 미터 떨어진 화강암 바위 밑에 샘물이 흘러나와 이물에 명주를 담갔더니 자주샘 물이 들었다는 것이다. 지금도 자주물이 든 명주를 널리 말리던 바위에는 '자지동천' 이라고 글씨가 새겨져 있고 그 밑으로 맑은 물이 흐른다.

「한경지략」에 보면 신설동 오거리 못 미쳐 동관묘 앞 싸전골(米廛洞), 장거리(場트里)마을에는 조선 초에, 여인들만이 모이는 채소시장이 섰다고 한다. 그 당시 조정의 감시로 송씨를 도울 수 없지만 시녀들과 초근목피로 어렵게 생활한다고 알려지자 그곳 여인들이 정업원 가까운 장거리 마을에 장을 개설하여 자연스럽게 채소를 공급하였다 한다.

창신동 사거리에서 창신초등학교를 지나 낙산 쪽으로 가다보면 청룡사(淸龍寺)가 있다. 이 절은 보문사보다 늦게 세워졌다하여 새 절 승방이라고 한다. 보문동의 탑골 승방, 옥수동의 두뭇개 승방, 석관동의 돌곶이 승방과 함께 여성들이 거처하는 성 밖의 네 곳 니사(尼舍)중의 하나다.

새 절 승방은 고려 태조 5년 도선국사의 유언에 따라 왕명으로 창건할 때 낙산이 한양의 좌청룡에 해당되므로 산등성에 지어 청룡사라 하였다 한다. 청룡사 남쪽에 서울시 유형문화재 제5호로 지정된 정업원구기(淨業院舊基)가 있다. 사방 2.4미터 정도 되는 한 칸 집의 비각이 세워져있고 안에는 영조대왕이 쓴 정업원구기비가 있다. 애석(靄石)으로 된 비 전면에는 '정업원구기' 라고 쓰여 있고 후면에는 251년이 되는 1771년에 왕이 친히 글씨를 썼다는 내용의 33자가 새겨져 있다.

「영조실록」에 보면 영조가 창덕궁에 나갔다가 정업원으로 가서 단종

비 옛 일을 물어봤다고 한다. 송씨가 의지할 곳이 없어 집을 마련해주고자 하였으나 동대문밖에서 동쪽을 바라볼 수 있는 곳에 거처할 것을 원했기에 마련한 것이 지금의 정업원 터라 한다.

영조는 이곳에 비석을 세우고 표시하기를 동쪽 봉우리 동망봉에 올라 영월쪽을 바라보며 빌었다하여 '동망봉'이란 석자를 새겨놓았으나 일제 때 채석장으로 되어 지금은 글씨를 찾아볼 수가 없다.

송씨는 이곳에서 머리를 깎고 희안, 지심, 계지 세 시녀를 데리고 어렵게 생활하였으며 조정에서 영빈정동(漢嬪貞洞)이라는 집을 주었으나 송씨는 끝내 받지 않고 정업원에서 머물렀다 한다.

낙산에서 능선따라 내려오면 송씨를 모신 산신각(山神閣)이 있다. 현재는 동망봉 정상주위에 주택이 밀집되어 있어 바위 산봉우리에 옛 모습을 찾아볼 수 없으나 송씨가 영월로 귀양간 노산군의 무사귀환을 기원하던 곳에 동망 산신각이 세워져 있다.

산신각은 언제 누구에 의해 세워진 것인지 알 수 없으나 보문동 6가 주민들은 마을의 재앙을 예방하기 위해 매년 10월 초 하룻날이면 산신각에서 제사를 지내고 있다.

*사릉 설명

종로구 숭인동에서 상왕십리 사이에 동묘 남쪽 청계천 하류에 영도교가 있다. 연미동에서 내려오던 하천 끝에 놓인 다리라 영미다리라고도 하며 단종이 왕위를 뺏기고 영월로 귀양갈 때 송씨가 이 다리까지 나와 부둥켜 않고 울면서 서로 영영 이별하였다 하여 '영이별다리' 혹은 '영영 건넌 다리'라고 전해지고 있다. 성종 때 한양대 옆 살곶이 다리와 함께 중수하고 영도교라 불렀다.

단종과 정순왕후 사이에 후사가 없이 노산군과 송비로 317년 간이나 헤어져 있었는데 문화재관리국에서 합릉을 추진하고 있으나 영월군과 남양주시 사이에 이해관계가 얽혀 살아있을 때나 죽어서나 550년 간 만나지 못하고 있으니 통한의 눈물이 마르지 않을 것 같아 안타깝기만 하다.

20년 권력을 휘두른
문정왕후의 태릉(泰陵) 이야기

*태릉의 비각

노원구 공릉동에 태릉이 있는 것을 알고 있으나 누구의 능인지 아는 사람은 그리 많지 않다. 예전에는 이곳을 태릉이라 했지만 지금은 태강릉이라고 한다.

태릉은 노원구 공릉동 화랑대역에서 서울여대 방면으로 시원스럽게 뻗은 도로 북쪽에 있다. 사적 제 201호로 지정된 능으로 조선11대 중종의 셋째 계비 문정왕후의 능이다. 이곳에서 동쪽으로 얼마 떨어진 곳에 문정왕후 아들 명종의 능인 강릉이 있다. 이곳은 비공개지역이라 들어가지 못한다.

몇 년 전만 해도 태릉부근에는 배밭이 여기저기 널려있는 관계로 가을이면 세칭 먹골배를 먹기 위해 시민들의 발길이 잦았다. 지금은 태릉 옆에 푸른 동산과 선수촌이 있는가 하면 강릉 옆에 삼육대학교, 태릉 앞쪽에 육군사관학교 화랑대가 있다.

태릉 입구에 들어서면 시원스럽게 펼쳐진 넓은 터에 활엽수, 침엽수가 그늘을 만들어준다. 한참 들어가다 보면 능이 보이는데 홍살문과 재실은 있으나 정자각은 소실되어 석축과 초석만 남아있다.

태릉은 운채(雲彩)와 12지신상(十二支神像)이 새겨진 병풍을 둘렀고 신상이 새겨진 위 만석중간에는 문자로 십이지를 새기고 있다. 간지를 문자로 각자하여 방위를 이중으로 표현한 것은 다른 왕릉에는 볼 수 없다.

문정왕후는 어느 왕비보다 많은 야화를 갖고 있다.

연려기술(燃黎記述)에 보면 중종이 계비를 간택할 때 윤지임의 딸이 병이 매우 위독했다. 중종은 무슨 생각인지 윤금순의 딸을 계비로 내정했다가 윤지임의 딸이 병이 낫거든 윤금순의 딸과 함께 궁중으로 나오라 했다. 그 무렵 지방에서 유명하다는 점장이가 우연히 서울에 올라와 새벽에 일어나 점을 쳐보고는 집안 사람들에게 "오늘 첫 손님으로 귀인(貴人)이 오겠구나" 말했다. 조금 있으려니 문밖에서 인기척이 나서 하인이 나갔다가 들어오더니 손님이 오긴 했는데 겨우 하인 한명을 데리고 왔을 뿐입니다. 그런 사람이 무슨 귀인입니까 하고 대수롭지않게 이야기 하자 그분은 귀인이 틀림없으니 어서 모셔라 하여 안내된 손님이 윤지임이었다. 점장이는 윤지임을 보고 딸의 사주가 장차 국모(國母)가 되실 운이라 하였는데 점괘대로 윤지임의 딸은 왕비가 되고 윤금손의 딸은 간택에서 떨어졌다.

문정왕후는 중종 12년에 왕비로 책정됐으며 명종의 어머니로 8년간 수렴청정을 하였으며 20년간 무소불위의 권력을 휘둘은 왕비로 유명하다.

중종이 세상을 뜨고 인종이 올라 8개월 만에 병고가 생기자 명종이 12살의 나이로 왕위에 올랐다. 문정왕후의 수렴청정으로, 전국은 여인 천하가 되었다.

왕비는 중종이 후궁을 가까이 하는 일에는 관심이 없고 오직 권력에 대한 흥미를 갖고 〈여장부 전〉 〈진성여왕 전〉 〈선덕여왕 전〉등을 읽으며 권력을 휘두르는 이야기를 좋아했다 한다.

문정왕후가 수렴청정 할 당시는 대윤과 소윤의 두 파로 갈라져 대윤의 수장은 인종의 어머니 장경왕후와 오빠 윤임이었고 소윤의 수장은 문정왕후의 동생 윤원형이었다.

문정왕후는 대윤(윤임)의 일파를 숙청하기 위해 을사사화(乙巳士禍)를 일으켜 윤임을 사사하는 등 생살여탈(生殺與奪)의 권력을 휘둘러 세인의 지탄을 받았다.

나는 을사사화에 많은 관심과 불편한 감정을 갖고 있다. 나에게 15대 선조인 송강(정철) 집안이 사화로 인해 몰락을 하였다. 송강의 아버지 정유침은 아들 넷에 딸이 셋이었다. 첫째 딸은 인종의 귀인이었고 둘째는 대재학 최홍도의 부인이었다. 셋째는 계림군의 부인이라 을사사화에 계림군이 연류되어 아버지 정유침은 관북, 창평, 영일 등에서 유배생활을 하였고 장남은 고문에 못이겨 32세에 죽었다. 둘째는 출사를 포기하고 여수에 내려가 한가한 생활을 하였으며 막내 송강은 순천 형한테로 내려가다가 담양에서 늦게 귀인을 만나 그곳에서 공부를 하였다.

한마디로 송강의 집안이 풍비박산이 된 셈이다.

명종 나이 20세, 성인이 되어 수렴청정을 거두고 국정을 명종에 맡겼으나 실질적인 권력을 계속 장악하여 문정왕후의 동생 윤원형의 친척들이 좌지우지하고 있었다. 정치 일선에서 물러난 문정왕후는 전처럼 권력을 행사하지 못하자 왕을 불러 무엇을 어찌 행하지 않았느냐 따졌다 한다. 그럴 때마다 명종은 합당성 여부를 밝히곤 하였는데 문정왕후는 버럭 화를 내며 네가 누구 때문에 임금이 됐는데 하며 심하면 종아리를 치고 뺨을 때렸다 한다.

문정왕후는 불교 신봉자라 그의 치세 기간 시작에서 세상 떠날 때까지 20년 간을 조선시대 불교 중흥기로 만들었다. 강원감사 정민종의 천거로 중 보우(普雨)를 발탁하여 강남구 삼성동에 있는 봉은사(奉恩寺)를 선종으로 하고 봉선사를 교종의 총본사로 하여 선교 양종을 부활시키며 승과 도첩제를 다시 실시하여 불교 중흥을 꾀하였다.

문정왕후가 태능에 묻히게 된 것과 죽음에 대하여 다음과 같은 일화가 있다.

　문정왕후는 대신과 관료들의 처를 후원으로 불러들여 연회를 열고 머리에 꽃을 꼽고 술을 권하는 등 흥취를 돋우며 노는 모습이 명종에게는 못마땅하게 보였다. 더구나 보우가 자주 궁궐에 드나들다보니 기둥서방이라는 소문까지 나돌아 명종은 보우 출입을 금해달라고 청하자 아예 봉은사에 원당을 마련하고 보우를 만났으니 사람들의 이목에 자유로울 수가 없었다. 그래서 생각해 낸 것이 중종의 묘를 봉은사 부근으로 옮기는 것이었다. 보우는 문정왕후에게 선능 근처에 길지가 있으니 정릉을 이곳으로 옮기자하여 고양시 원당에 계비 장경왕후와 같이 묻혀있는 중종을 현재 강남구 삼성동으로 이장하였다. 욕심많은 윤씨는 남편 옆에 같이 묻혔으나 명종 꿈에 아버지가 나타나 봉은사 근처는 자신이 쉴 곳이 아니라하여 능을 살펴보니 지세가 낮아 비만 오면 한강물이 침수되어 능에서 물이 나왔다고 한다. 그런 연후 능을 옮긴 것이 현재 태능이다. 남편과 합장하기를 원했던 문정왕후는 죽어서도 자기의 뜻을 이루지 못했다.

　명종 20년, 석가탄신일을 기리기 위해 양주 회암사에서 문정왕후를 참석시킨 가운데 성대한 무차회(無遮會)를 갖기 위해 수천 석의 쌀을 풀어 밥을 지었는데 밥 색깔이 피로 물들인 것처럼 붉어 사람들이 괴이

＊태릉 전경

하게 여겼다. 불길한 예감이 들었던 차 4월 7일 참석하려던 문정왕후가 승하했다는 전갈이 와 많은 승려와 백성들이 놀라 흩어져 행사를 치루지 못했다. 사망 원인은 문정왕후가 큰 제를 올리려고 찬물로 목욕재계하려다 그 길로 앓아누워 영영 일어나지 못했다 한다.

수렴청정 기간과 동생 윤원형 일파의 집권기에는 외우내환이 끈이질 않았다.

명종 10년에 왜인들이 침범한 을묘왜변이 일어났고 14년에는 임꺽정 변란이 있어 시끄러웠다.

문정왕후가 죽기 전 나라를 근심하는 사람들이 풍수지리 전문가 남사고를 찾아가 나라가 어느 때나 편안해 지겠느냐고 물으니 '명년에는 동쪽 태산에 봉한다고' 하였다. 그때는 이 말을 알아듣는 사람이 없었는데 그 이듬해 65세로 세상을 떠나니 서울 동쪽에 태능이 만들어짐을 알았다 한다.

문정왕후는 44명 왕비 중 무소불위의 권력을 휘둘렀고 수많은 일화를 남긴 왕비로 기록되어 태릉에 묻혀 있다.

세조의 광릉(光陵) 이야기

*광릉의 정자각

나는 가끔 광릉(光陵)을 찾는다. 퇴계원에서 포천 일동 쪽으로 가다보면 장현리 마을을 지나 진벌리 국립수목원, 광릉이라는 간판이 보인다.

그곳에서 오른쪽으로 들어가면 광릉 입구가 나오고 2차선 도로에 가로수가 줄비하게 늘어져 시원한 공기를 느끼게 한다.

약 8킬로미터 들어가면 능이 나오는데 길 양쪽에 몇 백 년 묵은 나무숲이 하늘을 가리고 있다. 광릉은 양주군의 진접, 별내면, 의정부시와 포천군의 내촌, 소흘면에 걸친 약 3000ha의 광대한 면적의 임야다.

이곳은 1468년 세조대왕의 왕릉 부속림으로 설정되어 도벌을 금하며 임목을 보호한 지역으로 몇백 년 묵은 침엽수림, 활엽수림, 혼유림으로 구분되어 있다.

천연기념물 제11호로 지정되어 있는 크낙새와 772종의 조류들과 동물류가 서식하고 있으며 779종의 진귀한 초류수형목(草類秀型木) 10수

종이 있다.

　대낮에도 어둠침침한 수해(樹海)인 이곳은 왕숙천의 맑은 물이 흐르는 풍치와 가을 단풍이 장관이다. 연중 관광객이 끊이지 않는 명승지이며 한국 제일의 원시림을 자랑하고 있는 산림의 보고이자 동식물의 낙원이기도 하다.

　광릉은 사적 197호로 봉접면 부평리에 있는 제7대 세조와 부인 정희왕후 윤씨의 능이다. 세조는 세종대왕 둘째아들로 진평대군으로 봉해졌으나 함평, 진양, 수양 등으로 개칭되었다. 형인 문종이 승하한 후 어린 단종이 즉위하자 영의정 황보인, 좌의정 김종서를 죽이고 왕위에 올랐다. 세조는 재위14년 동안 국방강화와 서적찬간, 토지제도개혁 등 많은 치적을 쌓았으나 병세의 악화로 52세로 승하 하였다.

　부인 정희왕후는 덕종(추존), 예종, 의숙공주를 낳았으나 불행히도 두 왕자가 20세로 요절하였으며 조선왕조 맨 처음 수렴청정으로 성종 7년 동안 섭정을 하였다.

　광릉은 같은 언덕에 왕과 왕비를 각각 따로 봉안한 동원이강(同原異岡)의 능(陵)이며 두 능묘 지점에 정자각을 세운 최초의 능이다.

　봉분 곁에 둘렀던 병풍석을 없애고 병풍석에 새겼던 12지상은 난간의 동자석주(童子石柱)에 옮겨 세웠다. 이 일은 쓸데 없는 비용을 절약하라

＊세조의 능 근경

는 세조의 유명(遺命)에 따른 처사라고 한다. 능에 들어가다 보면 제일 먼저 입구에 홍살문이 보이고 그곳을 조금 지나면 정자각이 보인다. 그 옆에 두 분의 능 위치와 현판이 보이는데 정자각에서 제향을 올린다.

신문에서 정자각까지 신도와 어도가 깔려있는데 신도는 신을 맞이하는 길이고 어도는 제주 즉 왕이 들어가는 길이다. 정자각 뒤에는 제향 후 축문을 태워 묻는 사각형의 예감이 있고, 비를 안치하는 비각, 제기를 보관하는 복수방, 제향 후 축문을 태워 바라보는 곳인 망료위가 있다. 신문 밖에는 능의 수호를 관리하는 재실이 있다.

세조가 이곳에서 묻히게 된 연유에 대하여는 다음과 같은 야화가 있다.

1453년 계유정난을 일으키고 왕위에 오른 세조는 정란에 공이 큰 권람 한명회, 신숙주, 구치관을 무척 아꼈다.

신숙주가 영의정을 그만두고 구치관이 영의정에 올랐을 때 이곳 야산은 원래 신숙주 땅이라고 한다. 세조가 이곳에 사냥을 나왔다가 산세를 보니 천하 최고의 명당이라 이 땅을 갖고 싶은데 왕이라고 신숙주에게 그냥 달랠 수는 없고 묘안을 짜낸 것이 두 정승을 궁 안으로 불러들여 셋이서 술내기를 했다 한다.

세조는 문제를 내어 제대로 답하지 못하면 벌주를 주기로 하고 제일 먼저 "신정승 내 잔 받으시오" 했다. 신숙주가 받을려고 하니 '아니야' 구치관이 새로 "정승이 됐으니 새 정승한테 말한 것이요" 하며 신숙주에게 벌주를 내렸다. 또 "구정승 내 술 받으시오" 하며 술잔을 내밀었

*정희왕후릉 근경

다. 신숙주는 자기가 정승에서 물러났으니 자기를 말하는 것으로 생각하
여 받으려 하니 '아니요' "구치관인 구정승을 말함이요" 해서 신숙주에
게 또 벌주를 내렸다.

신수주가 만취되어 왕의 침실에서 자다가 이불에 조선 지도를 그렸
다. 깨어나 좌불안석으로 있을 때 세조가 웃으며 "신정승 내 부탁이 있
는데 그 산을 내게 주시오" 해서 얻은 산소에 세조가 묻혔다 한다.

최고의 명당이어서 그런지 조선왕조는 세조의 후손으로 대가 이어
졌다.

세조는 신력(神力)을 갖은 인물이다. 얼굴이 괴기(傀奇)하고 활쏘기
와 말타기가 남보다 뛰어났다. 16세 때 세종대왕을 따라 왕방산에서 강
식(講式)할 때 하루아침에 사슴과 노루 수십 마리를 쏘아 털에 묻는 피
가 바람에 날려 겉옷이 다 붉었다 한다. 늙은 무사 이영기가 이를 보고
눈물을 흘리며 "오늘 뜻밖에 태조(이성계)의 신무(神武)를 보는듯합니
다" 라는 이야기가 전해 온다.

세조는 남달리 담력이 있으며 두려움이 없었다. 한번은 세종이 보현
봉에 올라 해지는 광경을 관측하게 하였는데 그곳은 돌길이 험하고 불
측하며 벼랑이 내려다보이므로 안평대군 이하 다른 대군들도 눈이 어지
럽고 다리가 떨려 전진하지 못했는데 세조는 순식간에 올라갔다 내려갔
다 하여 모두가 탄복을 하였다 한다.

세조는 하늘이 낳은 호쾌한 인물이었으므로 평소에 당 태종을 사모하
고 한 고조를 경하게 여겼으며 검소한 면을 좋아했다.

광릉에 들어가기 전 봉선사(奉先寺)가 있는데 예종 원년에 선왕의
영(靈)을 봉안(奉安)하기 위해 정희왕후 윤씨의 명을 받고 89칸이나 되
는 사원을 짓고 세조대왕이 직접 낙성을 하였다. 이때부터 선왕의 영
을 받들어 모신다는 뜻으로 봉선사라 이름 짓고 현판은 예종이 직접
썼다 한다.

봉선사에는 약수터가 있는데 사계절 풍치도 좋으려니와 항시 일정량

의 용수가 암석 간에 흘러나와 소화불량, 기타 각 질병에 효험이 있어
고래로부터 약수를 복용하는 부녀자가 많았다.

　매년 3월 3일, 4월 8일 단오절에는 이곳에 와서 물을 마셨다. 봉선사
에는 두 분(세조와 정희왕후)을 봉안하고 세시 및 춘추로 제향을 올리
고 있다.

온릉(溫陵) 이야기

허 공 에 맴 도 는 조 선 인 의 그 림 자

서울 교외 선 통일로 가는 길 구파발 삼거리에서 의정부 쪽 349번과 39번 국도가 만나는 지 점에서 송추역 쪽으로 조금가면

＊온릉의 정자각

왼쪽 숲으로 들어가는 작은 길이 있다. 아무런 안내 표지판도 없이 작 은 철문 하나가 있는 그곳이 온릉 입구이다.

온릉은 중종 비 단경왕후 신씨의 단 능으로 경기도 양주군 장흥면 일 영리 산 19번지 사적 210호로 지정되어 있다. 비공개 능이라 이 근처 사람들도 능 이름이 무엇인지 잘 모르고 있다.

작은 철문을 지나 숲으로 조금 걸어 들어가면 관리 사무소로 쓰고 있 는 재실이 방문객을 맞고, 그곳을 지나면 왼쪽으로 홍살문과 정자각이 보인다. 비각 안의 '조선국단경왕후온릉(朝鮮國端敬王后溫陵)' 이라고 새긴 비는 1807년 순조 7년에 세웠다.

온릉은 해자사향(亥子巳向:북부에서 남남동 방향)의 언덕 위에 있으 며 병풍석 난간석도 없이 석양 석호 각 1쌍이 봉분을 호위하고 있다.

단경왕후는 1487년(성종 18년) 연산군 재위 시 좌의정 신수근의 딸로 태어났다. 본관은 거창 신씨로 1499년 13세에 진성대군과 혼례를 올렸으며 반정세력에 의해 왕으로 추대된 진성대군(중종)의 부인이다. 연산군의 부인 폐비 신씨 또한 신수근의 누이이다.

신수근은 연산군을 받드는 궁궐(宮闕)세력이었고 중종은 신수근의 사위였다. 단경왕후는 중종반정으로 진성대군이 왕위에 오르자 왕비에 책봉되었다. 그러나 왕비에 책봉된 지 7일 만에 반정세력에 의해 폐위되고 만다. 중종은 처음에 조강지처를 어찌 내치냐며 망설였지만 공신들의 압력으로 결국 폐위시킨다.

진성대군이 왕위에 오를 때 전해지는 야화가 있다. 쿠데타가 일어난 그날 병조판서가 군사를 이끌고 자신의 집을 에워싸자 연산군이 자신을 죽이러 온 줄 알고 자살을 결심할 정도였다. 사태를 잘 파악하지 못한 진성대군의 절망은 극에 달했다. 부인 신씨는 자결하려는 진성대군을 만류하며 "밖을 지키고 있는 군사들의 말머리가 집 쪽으로 향해 있다면 우리 부부는 반드시 죽게 될 것이요, 말의 꼬리가 집 쪽으로 향해 있다면 이는 반드시 대군을 호위하려는 것이니 여부를 알아본 뒤 죽어도 늦지 않으오. 더군다나 항간에는 대군을 왕위에 옹립하려는 소문이 돌지 않습니까?"라며 진성대군을 진정시킨 후 종을 시켜 밖의 동정을 살펴보게 했다. 종은 "말의 엉덩이가 대문을 향하고 있습니다."라고 전했다. 진성대군은 신씨의 지혜에 감복하고 몰려 온 신하들에 의해 왕으로 추대되었다는 일화가 있다.

신씨는 남편의 등극에 기뻐할 겨를도 없이 반정 당일 아버지 신수근은 죽임을 당했고 그는 후일 폐서인이 되어 궁에서 쫓겨났다.

연산군 폭정과 아무런 관계도 없는 신씨는 중종반정으로 남편, 친정 모두를 잃은 큰 피해자가 되었다. 신씨는 궁을 떠나 친정으로 거처를 옮기니 그곳에는 고모인 연산군의 아내 신씨도 있었다. 왕비에서 폐위된 두 여인이 한 집에서 지내는 기묘한 상황이 벌어졌다.

　스무 살에 생과부가 된 신씨는 처음 인왕산 아래 하성위, 정현조 집으로 쫓겨났다가 후일 친정 본가로 옮겨졌다. 중종의 계비 장경왕후 윤씨가 죽자 한때 신씨를 복위시키려는 여론이 있었으나 일부 신하들의 반대로 성사되지 못했다.

　신씨가 폐위되었을 때 치마바위 전설이 아직도 전해지고 있다. 중종과 신씨의 애정은 누구보다도 각별했다 한다. 신씨가 떠난 후 중종은 그녀가 보고 싶으면 높은 누각에 자주 올라 신씨가 기거하고 있는 쪽을 바라보며 눈물을 삼키곤 했다. 그 사실을 전해들은 신씨도 그리움을 달래기 위해 경복궁이 보이는 인왕산에 올라가 즐겨 입던 분홍색 치마를 바위에 넓게 펼쳐놓고 하염없이 눈물만 흘리다가 산을 내려오곤 했고 중종도 바위에 펼쳐진 그 치마를 바라보며 애틋한 마음을 삭히곤 했다한다.

　신씨는 1577년 명종 12년에 사저에서 71세로 후사 없이 승하하여 본가 선영에 묻히게 되었다. 명종은 장생전관목(長生殿棺木)을 내려 1등의 예로 장사지내고 신수근의 손자 신사헌의 집에서 봉사하게 했다.

　그는 1739년(영조 15년)에 복위되어 시호를 단경(端敬), 능호를 온릉(溫陵)이라 했다. 왕비의 아버지를 죽이고 후한을 두려워하는 공신들에 의해 스무 살의 꽃다운 나이에 폐위되었다. 정치적 승리자인 중종을 남편으로 두었으면서도 단지 거창 신씨라는 혈연만으로 자신의 고모인 연산군 부인 신씨와 같이 폐비라는 운명으로 살았기에 비운의 왕비라고 칭하고 있다. 참! 안타깝고 절절한 사연이 아닐 수 없다.

＊온릉의 근경

제 3 부

전설에 얽힌 야화

배꼽 이야기

사람들이 모두 시청하는 TV에 음악 쇼나 브라질의 삼바춤 등을 보면 젊은 여인들이 배꼽을 내놓고 몸을 흔들며 춤을 춘다.

우리나라가 언제부터 노출 패션에 배꼽을 내놓고 춤을 추거나 길거리를 다니는 행위가 되었는지 알 수 없다. 이런 행위가 '가려야할 곳을 가리지 않아 다른 사람에게 불쾌감을 줄 경우에' 해당되지 않는다는 무죄 판결이 내린 기사를 읽고 배꼽의 노출이 합법화 되면 마지막 부위 노출의 도미노(domino) 현상이 일어날지도 모른다.

건전치 못한 모습으로 노출하여 시선을 끌게 하거나 발산해버리는 행위보다는 여성의 미를 가려두고 보전하는 것이 현명한 처사가 아닌가 싶다.

여성들이 노출한 배꼽을 보면 불쾌감을 느끼며, 우리 전통풍속은 사라지고 서양문물을 그대로 답습하여 외래문화권에서 사는 느낌을 준다.

에덴동산의 아담을 그린 명화를 살펴보면 배꼽이 그려진 그림과 그렇지 않는 그림이 있다. 아담에게 배꼽이 그려져 있느냐 없느냐는 것은 중세에 있어서 중대한 쟁점이었음을 알 수 있다.

배꼽은 어머니 뱃속에서 태어나야만 형성되는 것이다. 한데 신이 최초로 만든 인간 아담에게 성행위에서 형성된 배꼽을 그린다는 것은 신성 모독이라는 명분이다. 이처럼 아담의 배꼽은 논쟁부터 성적인 이미지를 벗어나지 못하는 숙명을 지니고 있다.

영국에서 빅토리아시대의 배꼽은 의사성기(擬似性器)라 하여 배꼽의 주변 중심부를 차지하고 있는 배라는 말까지도 입에 오르내리는 것을 천하게 여겼다.

속어(俗語)에서도 성욕을 배가 가렵다하고 성교를 배 작업이라 했다. 그래서 상류사회에서는 배라는 말 대신 위(胃)라는 말을 썼다한다.

우리나라에서도 '사랑의 도주를 배 맞아간다' 했다. 배 이미지는 동서가 다르지 않음을 알 수 있다. 그래서 배꼽을 일부러 지워 없앤 명화를 이따금 볼 수 있다. 이미 20세기 초 할리우드영화 윤리 강령에 배꼽 노출을 금지시킨 시기가 반세기나 지속되었고 아라비안나이트 제작자의 검열기관 공식 서한에도 "배꼽을 노출시킨 무희 장면을 모두 커트하면 성인영화로 합격시킬 수 있다"라고 말했다.

고대 그리스에서 배꼽은 여성의 정욕이 담겨져 있는 그릇이라고 했으며 구약성서에서도 아가(雅歌)서에 나오는 배꼽은 여자의 가장 은밀한 부위를 뜻한다 했다. 또한 고대 성서에서도 배꼽은 예외 없이 성감대(性感帶)로 나오고 있다.

우리나라에서도 예외는 아니기에 해녀들의 배 젓는 민요에 '요 내 배꼽을 놓은들 / 요 내 노(櫓)야 내놓을 소냐!' 하는 대목이 있는데 배꼽을 내놓는다는 것은 정조를 준다는 뜻이다. 이런 여자의 가장 중요한 심벌을 아무데서나 내놓고 춤을 춘다.

우리 민속에 배꼽관상이라 할 재상(臍相)이 발달하였는데 배꼽점을 말한다.

배꼽 무늬는 모태(母胎)와 연결된 탯줄 속에 두 동맥과 한 개의 정맥인 절단면으로 이루어 진 삼륜상(三輪相)이다. 그 삼륜상의 감돌움새가

각기 다르고 또 배꼽의 길이와 넓이가 다르므로 배꼽의 위치가 높고 낮음으로 그 사람의 운명을 가늠해보는 배꼽상이 조선시대에는 크게 성행하였다.

삼륜상이 좌(左)로 돌면 아들을 잘 낳고 우(右)로 돌면 딸만을 낳을 상이다. 갈구리상의 여자라면 남편은 공처가가 된다. 또 살구씨가 들어갈 만큼 크고 깊으면 남자일 경우는 크게 이름을 떨치고 여자일 경우 아들을 많이 낳는다.

특히 배꼽 둘레에 털이 나 있으면 훌륭한 아들을 낳는다. 배꼽 구멍이 상향(上向) 즉 위로 있으면 부귀(富貴)하고 하향(下向)이면 빈천하다고 한다.

조선왕조시대에는 왕실에서 세자빈을 간택할 때 의녀(醫女)를 보내어 규수의 배꼽상을 보았다. 왕실의 번영을 위해 아들을 많이 낳을 수 있는 규수를 선택했으며, 명문가에서도 며느리 고를 때 매파(媒婆)(중매쟁이)가 토방 안으로 데려가 아랫배를 들추어보았다 한다.

배꼽이 작고 얕은 여자는 아들 딸 많이 낳는 배꼽상을 만들기 위해 배꼽에 화상을 입히는 불 뜸질도 서슴치 않았다. 지금으로 말하면 성형수술과 같은 전통적 배꼽수술이라 하겠다.

고종 개화기 때 처음으로 양 의원을 차린 미국인 알렌 박사는 아들을 못 낳는 한국 부인들이 아들을 낳게 하기위해 배꼽에 불을 피우는 비정(非情)의 습속이 있으며 그 때문에 화상을 입고 병원을 찾는 환자가 많았다는 것을 회고록에 적었다고 한다.

현재 재상학에서는 옛날과 좀 다르다. 배꼽의 깊이가 넓고 깊으면 지혜와 복록이 있고 재치가 있으며 발전형이다. 좁고 얕으면 남자일 경우 어리석고 도량이 좁으며 복이 없다. 여자일 경우 자식을 키우기가 어렵다 한다.

큰 배꼽은 마음이 대범하고 건강, 끈기, 자신감이 있고 작은 배꼽은 건강 상태가 좋지 못하며 매사 순조롭지 못하다. 또한 소라배꼽은 콧대가 세고 성질이 급하며 직업으로는 보험, 광업에 성공하며 단 왼쪽으로 감고 있어야 한다. 배꼽 위에 점이나 털이 있으면 귀자(貴子)를 두고 횡재, 요행수가 있으며 연상의 사람과 결혼한다. 배꼽 아래 털이 많이 나면 여자일 경우 음란하고 천하다 한다.

미국과 일본 여인들 사이에 유행했던 배꼽 성형수술이 몇 년 전 만해도 유럽까지 비화해, 프랑스에서는 눈이나 코의 성형수술 만큼이나 일반화되어 있다고 외신은 전한다.

배꼽의 미학과 관능적인 기능도 증진시킨다는 뜻에서 옛 조상들이 뜸질할 정도로 귀하게 여긴 배꼽을 감추며 생활하는 것도 우리 여인들의 아름다운 풍속을 보전하는 것이 아닌가 생각해 본다.

장승(長承) 이야기

*장승

장승(長承)은 장승이라는 실존 인물을 신격화(神格化)하여 동네나 길을 지킨다는 명분으로 세웠다. 길가 5리, 10리마다 세우고 각 처에 이정(里程)을 기록하는 용도로 그 구실을 하였다.

상도동 일대를 답사하며 장승백이를 찾았다. 동작구 상도동 영도시장 맞은편 왼쪽으로는 봉천동 방향, 오른쪽은 대림동으로 가는 삼거리 상업은행 옆에 조선시대부터 장승이 세워져 있다.

서울 시민들 중에는 상도동 위치는 몰라도 장승백이를 모르는 사람은 없다.

장승의 길이는 10여 자, 굵은 소나무에 눈, 입, 눈썹은 검고 이는 희며 몸뚱이는 붉게 칠하여 천하대장군(天下大將軍), 지하여장군(地下女將軍) 두 개가 있다.

대개 사람과 비슷하게 조각을 하고 남상(男相)에는 관을 씌우고 붉은 색을, 여상(女相)에게는 청색으로 색칠하거나 아니면 먹으로 글을 써서 위엄을 보이게 했다.

상도동 삼거리에 장승을 세우게 된 원인은 조선중기 정조가 재위기에 부친 사도세자를 한시도 잊지 못했다. 8일이나 뒤주 속에서 굶어 죽어가는 아버지를 보았으며 동대문구 배봉산에 모신 묘를 참배하지 못하다가 왕위에 오른 후 수원 현릉원으로 이장을 한 후로는 수시로 참배했다.

노량진 나루를 건너 현릉원으로 가는 어가가 이곳에서 쉬어야 했다. 그 당시는 인가도 없고 행인마저 한적한 곳이어서 낮에도 맹수가 나타날 염려가 되어 상도동 삼거리에 장승을 만들어 세우도록 하였다.

그때부터 최초로 장승을 세워 장승백이란 이름을 붙이게 되었다.

정조는 현릉원을 참배하러 가고 오는 길에 장승 앞에 어가를 세워 늘 쉬었다고 한다. 그런데 1930년 일본인들이 미신과 무속을 타파한다는 명분으로 없애 버렸다.

1987년 동작구청에서 문화재 보존 차원으로 몇천만 원을 들여 장승백이 표석을 세우고 남녀 두 장승을 세웠다. 얼마 후 타 종교 광신자가 우상숭배라 하여 장승의 코와 귀를 자르고 쓰러뜨려버렸다. 참으로 한심스럽다. 우리 조상들의 슬기와 지혜가 담겨져 있는 민속적 사회표상인데 말이다.

장승백이 장승은 전라도 경상도 사람이 한양을 올라올 때 과천을 지나 장승백이를 거처 노량진 나루에 들어서는 첫 관문이기에 제일 빈번한 곳에 서 있다.

역사적인 사실을 지닌 상징적 장승이기에 관할 구청에서 엄청난 예산을 들여 세웠는데, 지금은 도로확장으로 원래 서 있던 자리에서 100미터 떨어진 한적한 곳에 옮겨 놓았다.

몇 년 전 국립극장에서 '변강쇠와 옹녀' 라는 연극 공연을 하였다. 우연한 기회가 되어 관람을 하였는데 변강쇠는 힘이 세고 정력이 좋은

대표적인 인물이요, 옹녀는 절세가인이나 운명이 박복한 여인으로 등장
한다.

옹녀는 함경도 정주에서 살았는데 팔자가 사나워 여섯 번이나 시집을
갔다. 15살에 시집을 가서 남편이 급살 맞아 죽고 16살에 등창병, 17살
에 용천병(마마) 18살에 벼락을 맞고, 19살에 절도죄로 매 맞아죽어 스
무 살에 만난 서방이 변강쇠다.

변강쇠가 하는 일 없이 무의도식 하는 남편을 본 옹녀는 짜증을 부리
며 나무라도 해오라는 말에 지게를 지고 함양 땅 지리산으로 가다가 길
옆에 세워져 있는 장승을 빼어가지고 와 땔감으로 사용하였다.

조선 팔도에 9999개의 장승이 노량진 새남터(모래밭)에 모여 회의를
한 결과 변강쇠를 99가지 병으로 서서히 고통을 주어 죽이기로 하였다
는 설화가 있다.

장승백이 장승은 조선팔도의 장승을 총지휘하는 대장 장승으로 문화
재 복원 차원에서 세운 것이다.

장승은 세 가지 뜻을 의미한다. 첫째는 이정표(里程標) 구실이요, 두
번째는 마을을 보호하는 금표
(禁標)구실이다. 세 번째가 수호
신(守護神) 구실을 하는 것인데
병액이 침범하는 것을 막고 마
을의 안녕구실을 했던 것이다.

지금 지방자치제가 실시되고
부터는 관광과 문화재 복원 차
원에서 각 동네마다 장승촌이
많이 생기고 있다. 단양군 어상
촌, 밀양의 표충사 옆, 남양주
용문사 가는 길 등에 수백 개의
장승이 서 있다. 이빨을 하얗게

*장승

내밀고 서있는 장승, 찡그리고 있는 장승, 키가 작고 큰 장승, 또 석(石)장승 까지 등장하고 있으니 참으로 다양하다. 마을에 수호신 역할을 한다하여 각 모양의 장승들이 길손을 바라보고 있다.

나는 조상들의 슬기와 지혜를 생각하면서 곳곳에 세워져 있는 장승들을 잘 보호하고 관리해 주었으면 한다.

물 이야기

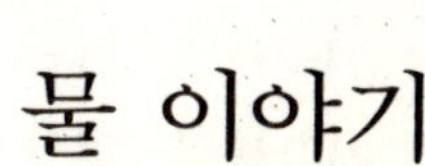

*아리수 로고, 캐릭터(아리와 수리)

서울시가 수돗물 수질개선을 위한 노력을 계속하고 있다. 물맛을 높이기 위해 우리나라 유명 약수나 샘물 등 전국 20여 곳에 대한 물의 특성 및 수질조사에 들어가 이들 물맛을 수돗물에 도입키로 했다 한다. 상수도사업본부와 수도기술연구소는 심미적(心味的)요소인 탁도, 온도, 산성도, 냄새, 맛, 알카리도와, 미네랄성분인 칼슘, 마그네슘, 칼륨, 나트륨, 철, 망간, 구리, 그리고 무기물인 탄산염, 황산염, 질산염, 염소, 이온 등 20여개 항목을 중점 조사한다고 한다. 상수도사업본부 관계자는 시민들이 맛있다고 생각하는 약수나 샘물의 화학성분을 알아내고 공동특징을 찾아낸 뒤 이를 수돗물 생산에 적용하여 염소 소독, 농도, 활성탄의 양, 온도 등을 조절해 수돗물 맛을 유명 약수나 샘물의 맛에 최대한 근접시킬 방침이라고 밝혔다. 우리는 수돗물이 수질에 아무런 문제가 없는데도 그동안 시민들로부터 불신을 받아 생수나 정수기를 이용하는 가정이 늘어나고 있다. 이번 조사로 수돗물 맛을 개선시킬 경우 불신감은 많이 사라질 것이라고 한다. 우리는 예나 지금이나 물에 대한 관심과 역사적 사실을 많이 가지고 있다. 우리나라 사람이 체내에 보유하고 있는 수분량이 서양이나 일본 사람보다 많다. 일상 식사에서 한국 사람만큼 많은 물기를 섭취하는 민족이 없기 때문일 것이다.

미국의 문화 인류학자 크라크혼은 민족에 따라 눈물이 많고 적은 것도 그 민족이 일상적으로 물을 많이 마시느냐 적게 마시느냐와 밀접한 관계가 있다고 한다.

서양 사람들은 남들 앞에서 눈물보이는 것을 수치로 여기는데 한국 사람들은 걸핏하면 울고, 또 눈물을 보면 동정심을 유발한다. 문화의 차이도 물이 좌우한다는 것이다. 가난한 시절에 적은 분량으로 많은 양의 식사를 만들다보니 국(탕) 문화가 발달되었다. 설렁탕, 갈비탕, 삼계탕 보신탕, 꽃게탕, 곰탕, 족탕 등, 즉 물을 많이 먹는 민족이 되다보니 체질적으로 눈물을 많이 갖는 민족이 되지 않는가 싶다. 물과 관련된 비유가 많다. 싱싱한 생선을 보고도 물이 좋다고 한다. 물이 갔다하면 신선도가 떨어진다는 상태를 의미한다. 비단 생선뿐만 아니라 어떤 인생이나 사연이 절정기를 지났을 때도 한물갔다고 한다. 아가씨를 일컬어 물이 오른다는, 터질 듯 탐스러운 육체적 절정을 가졌을 때, 또 물이 오른다는 것은 그 사람의 형편이나 팔자가 펼 때 하는 말이다. 물은 이렇게 생명이나 생동력과 동의어로 쓰는 나라는 우리나라 뿐이다.

우리는 물의 민족이기에 물을 감식하는 차원도 가공할 정도다. 이를 테면 옛날 한양의 물장수들은 인왕산에서 흐르는 물을 백호수(白虎水), 삼청동에서 흐르는물을 청룡수(淸龍水), 남산에서 흐르는물을 주작수(朱雀水)로 분별해서 팔았는데 약달이는 데는 백호수, 차를 달이는 데는 주작수, 술을 담그는 데는 청룡수 하는 식으로 수질을 달리하여 썼다. 한강 복판의 중류에 흐르는 물을 우중수(牛重水)라고 했는데 이물로 얼굴을 씻으면 희어진다 하여 후궁으로 비싸게 밀반출 되기까지 했다 한다.

이율곡 선생도 물의 경중을 가려 마셨고 강계(江界)와 강릉(江陵)에 미인이 많음은 그곳 물이 연수(軟水)이기 때문이다.

물에 경중(輕重) 경연(硬軟) 감고(甘苦) 신산(辛酸)을 감지하여, 그 고을 사람들이 근면하고 머리가 좋으며 고집이 세고 음탕함 등 성질까지도 가늠했던것은 물과 생존이 비견되어 파악되기 때문일 것이다. 뿐만 아니라 입춘 날 받아두는 입춘수(立春水)는 아이를 갖고 싶은 부부가 잠들기 직전에 일배씩 하면 효험이 있다는 사랑의 묘약이다.

입동(立冬)후 소설(小雪) 전에 내린 빗물을 액우수(液雨水)라 하여 그 물로 약을 달이면 갑절의 효력이 발생한다하여 받아두고 썼다. 또 납일(臘日)에 내린 눈녹인 물인 납설수(臘雪水)는 약도 달이고 장도 담그며, 볍씨를 이 물에 담갔다가 뿌리면 병충해가 생기지 않으며, 여름에는 파리가 꼬이지 않는 등 다용도로 사용되었다.

꽃이슬을 털어 모은 물로 연지를 개어 화장을 했고 가을 이슬을 털어 모은 물로 추로주(秋露酒)를 담가 마셨으며, 살아있는 대 끝을 잘라 그 대 통 속에 괸 물을 반천하수(半天河水)라 하여 보약을 달여 먹었다.

동서고금 할 것 없이 이보다 더한 용수문화(用水文化)가 발달했던 나라도 없을 것이다. 한 반도에 솟는 생수 질이 다양하고 양질이었기에 가능한 문화라 할 것이다.

서울시가 조사한 유명 약수의 샘물 특징도 다양하다.

물의 뒷 맛이 달게 느껴지는 광릉

* 조선시대 물장수

수목원의 돌샘, 각종 미네랄이 함유되어 있는 백운동 이동 약수, 물맛이 꿀맛처럼 달콤한 맛을 주는 가마골 계곡수, 두견주 제조에 사용되며 시원한 느낌을 주는 안물샘 약수, 물맛이 뛰어나며 민속주인 과하주를 제조하는 과하천 약수며 향나무 향기를 풍기며 상큼한 느낌을 주는 향나무 우물 등 전국 유명 약수가 많이 있기에 한국 사람만큼 맹물을 가까이 두고 많이 마시는 민족도 없을 것이다.

유럽의 스튜어디스 교육에서도 비행기 안에서 찬물을 찾는 동양 사람은 한국 사람으로 단정해도 대과가 없다고 가르칠 정도라 한다. 유럽에서는 석회 성분 때문에 맹물과 거리가 멀고 이웃의 중국이나 일본 사람들도 차를 끓여 마실 뿐 맹물과는 거리가 있다.

한국 사람은 피하조직 무게가 체중의 24%를 차지하지만 유럽인들은 17%에 불과하며 비뇨기계통이 0.8%인데 유럽인들은 0.2%에 불과하다는 평균치 조사 결과가 있다. 이 모두 수분 함축량 때문이라는 것이다. 한국인은 생리, 유전적으로 물과 친근하다. 생수를 시판하고 생수 시장이 개방됨을 계기로 미국, 프랑스, 노르웨이, 스위스, 영국, 독일 등의 생수가 쏟아져 들어와 경쟁하고 있다.

우리나라 생수는 2리터에 천원인데 미국 하와이 해양 심층수는 바다 가운데 물을 정수했다 하여 똑 같은 양을 만 칠천 원에 시판하고 있다.

물 문화가 발달한 우리나라에 이 어찌 통탄할 일이 아니겠는가. 세계 어느 나라보다 물을 아끼고 사랑하고 보전하는 물의 문화가 지속적으로 이루어 지기를 바랄뿐이다.

차(茶) 이야기

*차잎 덖기

김삿갓이 평안도 중화 땅 수월사를 찾아 가던 중 채첨지를 만난다. 채첨지는 어린 손자 고민을 풀어주기 위해 백일기도를 드리던 중 김삿갓의 도움으로 문제를 풀어 해결을 보는 이야기가 나온다.

그 문제가 옛날에는 지체가 높은 사람과 낮은 사람은 결혼 상대가 되지 않는데, 채첨지 손자의 상대는 백상이라는 정오품의 홍문관 벼슬을 한 백씨 딸이었다. 백상 영감이 제시하는 문제를 풀어야 한다. 그 문제가 "겨울이 지나고 다시 삼일이 지나 높은 데는 풀이 나고 낮은 데는 나무가 난다"는 문제다. 문제를 풀어 보면 겨울이 지나면 봄이 오니 춘(春)이요, 春자에서 다시 삼일이 지나니 인(人)자만 남고 그 위에 풀이 난다고 하였으니 초(艸)자요, 밑에 나무가 난다고 하였으니 목(木)자 가 있어 차(茶)자가 된다. 결국은 '茶' 라는 글자를 맞히는 문제였다. 옛날에는 양반계급 사회에서 글과 문장을 가지고 품위와 지식을 상대했던 시절이다.

차(茶)를 사전에 찾아보면 첫째 차나무, 둘째 차나무의 어린 잎을 따서 만든 음료의 재료, 셋째 차를 닳인 물로 되어 있다. 친구나 마음에 드는 여자를 만났을 때, 윗분을 만났을 때도 차라도 한잔 하자고 한다. 정월이나 명절 때 조상에게 지내는 예식을 차례(茶禮)라고 부른다.

차(茶)는 대화의 다리 역할로 친밀하면서도 가까운 벗과 같다.

다정한 벗, 기름진 향연보다 좋은 차, 우리는 차 한잔으로 마음에 잠겨있던 희노애락을 풀 수도 있다. 또 생각나는 벗 다정한 친구 사랑하는 연인들과 무릎을 맞대고 차 한 잔을 나누며 이야기하곤 한다. 떫은 차, 향긋한 차, 찝찔한 차 한 잔 속에 싸우고 고민하는 삶의 애환을 풀어 놓는다.

거리에서 볼 수 있는 찻집을 다방이라 부른다. 다방하면 다방의 대명사격인 차가 커피다. 조선왕조 1910년 경술국치의 치욕을 맞은 고종황제가 우리나라에서 제일 먼저 커피를 마셨다고 한다. 커피를 자주 마시다 보면 중독이 되어 마시지 않고는 못 견딘다. 일본인들이 고종황제에게 커피를 마시게 해서 중독이 들게 하고, 독을 타서 죽였다는 사건이 3·1운동의 발단이 됐다는 역사의 기록이 있다.

茶는 '차' 도 되고 '다' 도 된다는 뜻이다. 차 문화의 기원은 중국이다. 그런데 중국 내에서도 茶라는 발음이 광동어(廣東語)와 복건어(福建語)가 달라서 전자는 차로, 후자는 다로 발음한다고 한다. 원래 광동어는 중국의 광동성(광서성 일부) 남양 각지에서

*덕수궁 정관헌(고종황제가 차, 다과를 들던곳)

사용하는 중국 사투리로 육로를 통해 중동과 러시아 등에 전해지면서 '차' 라는 발음이 되었다. 복건어는 해(海)로를 통하여 서구로 들어갔기 때문에 영어의 TEA에서도 알 수 있듯이 '다' 계열로 되어 있다. 먹는 차는 차라고 하지만 차를 제공하는 방은 다를 써서 다방이라고 한다. 그렇게 본다면 차와 다가 혼재하고 있는 한국은 북으로부터의 육로와 남으로부터의 해로를 통해 차 문화도 받아 들여졌기 때문에 두 가지를 혼용하게 된 것이라고 한다. 이외에도 외래문화에 혼용되서 쓰는 말이 많이 있다.

한국은 남북으로부터 이러한 영향을 받아 두개의 문화가 혼재하고 있다. 아무튼 다방(茶房)을 차방이라고 할 수 없고 차(茶)를 다(茶)라고 할 수 없지 않는가.

무당 이야기

*국사당 무신도

나는 어렸을 적 무당이 집에 와서 굿하는 장면을 자주 보았다. 어머니가 중년에 병을 자주 앓아 자리에 누워있으니, 할머니께서 무당을 불러 액을 때워야 병이 났는다고 굿풀이를 자주 하였다.

무당은 좋게 말해서 무교(巫敎)라 하고 재래풍습 혹은 민간 신앙적 관습 정도로 보거나 더 나쁘게는 미신으로 매도해버리지만 모든 요소를 갖춘 순진한 종교로 보기도 한다.

무교는 사람들이 평상시 일반적인 방법으로 풀 수 없는 큰 문제에 직면했을 때 무당의 중재를 빌어 신령의 도움을 얻어 풀려고 한다.

사람들은 자신의 힘만으로 풀 수 없고 예측 할 수 없는 일을 초자연적인 존재나 힘의 위력에 의탁해서 해결하려 한다.

무교인 무(巫)를 풀어보면 아래 위에 직선과 그 선을 연결하는 수직선 양쪽에 사람 인(人)자가 두 개 있는 형상이다. 위의 선은 하늘을, 아래 선은 땅을 상징하며 그 공간을 연결하는 수직선은 무당을 나타낸다고 한다. 신령(神靈)계와 인간(人間)계를 연결하는 무당의 직능을 잘 나타낸 글자라 하겠다. 수직선 양쪽에 人자가 두 개 있는데 춤추는 사람의 모습을 형상화한 것이라고 한다.

무당은 노래를 곁들인 춤으로서 망아경(忘我境)에 빠져 신령을 접대하고 그 말씀을 받아 신도들에게 전하는 역할이다.

무교정책은 조선조에서도 대체로 양면성을 띠었다. 하나는 억압정책이다. 신분상 최하층, 천민계층, 백정이나 노예 같은 신분으로 전락해 무당의 활동을 금지하는 법률을 제정하기도 했다. 그러나 무교를 억압한 것만은 아니다. 가끔 무당을 활용한 예가 있었다. 왕족이 그들의 수명장수를 빌던 도교 계통의 성수청(星宿廳)이라는 관청에 무당을 예속시켜 지금의 보건소와 같은 활인원(活人院)에 무당들을 집결시켜 전염병 치료를 받기도 했다. 당시 의학수준으로는 속수무책이었던 전염병에 초자연적인 힘과 통하는 무당의 능력을 믿었다.

사대부들이 일방적으로 매도한 반면 왕실에서는 왕비와 같은 여성들이 여전히 무교를 신봉했다. 명성왕후는 굿을 좋아하여 측근에 '진령군'이라는 용한 무당을 두고 있었다. 임오군란 때 장호원으로 피난가서 무당을 곁에 두고 있었으니 무당의 세도 또한 대단했다.

한국 무교는 일제의 문화 탄압정책에 희생되기도 했다. 대표적 예로 남산꼭대기 팔각정 옆에 있던 한국무교의 총본산인 국사당(國師堂)이 인왕산으로 옮겨졌다.

한국 무교는 1945년 해방되면서 서양의 과학문명과 기독교의 유입 속에서도 여전히 잠재력을 발휘하고 있었다.

제3공화국 조국근대화 작업의 하나인 미신 퇴치운동으로 수많은 굿당이 사라지고 무교계통의 종교단체 건물이 철거되는 등 수난을 겪었지만 무교인들은 권익보호단체인 대한승공경신(大韓勝共敬信)연합회를 만들어 나름대로 세력을 조직화했다. 한국 고유문화에 대한 관심이 일면서 무당 숫자가 늘어났고 굿당도 많이 생긴다고 한다.

한국 사람들이 일방적으로 무당을 미신 또는 저급한 신이라고 부정적 시각을 가지고 있어도 한번도 한국인의 곁을 떠난 적이 없으니 우리는 무교를 떠나서 살 수 없는 민족이 아닌가 생각해 본다.

무당은 무(巫)라는 글자에서 보듯이 하늘과 땅을 연결시켜주는 성스러운 존재로 생각하지만 아무나 무당노릇을 할 수는 없다. 무당이 되려면 무병(巫病) 혹은 신병(神病)을 앓아야 한다. 일반적인 병과는 전혀 다르다. 별다른 이유 없이 고통의 정도나 그 기간이 일반적인 병보다 더한 것이 보통이다. 사지가 뒤틀리고 찬물을 자꾸 마시고 싶고, 고기류를 멀리하게 된다고 한다.

돌발적인 발작을 하고 이상한 소리가 들리기도 하며 환시(幻視)가 생기는가 하면, 몇 날 며칠을 미음 한 숟가락 제대로 못 먹고 보내기도 한다. 혈변을 보기도 하며 꿈속에서 신령을 만나 계시를 받기도 하는 등 병원에 가보아도 전혀 해결되지 않는 증상들을 겪게 된다고 한다. 가족들은 결국 이 후보자를 무당에게 데려가 신이 지폈으니 내림굿을 받아야 한다는 선고를 받는다.

후보자가 신령을 끝까지 거부하고 버티면 '인다리'와 같은 현상이 생긴다고 한다. 인다리 현상이라 함은 신을 거부하는 자와 가깝게 지내거나 사랑하는 인척들의 목숨을 몸주가 될 신령이 아사(餓死)시키는 현상을 말한다. 그래서 결국 후보자는 대부분의 경우 신내림을 승낙하게 된다고 한다.

박수무당인 최선생이라는 사람도 자식을 일곱이나 뺏기고 결국 최영 장군을 몸주로 받들게 됐다면서 누가 이런 사실을 믿겠냐며 한숨을 쉬었다고 한다.

진선미가 쓴 에세이(essay)집 『내가 무당으로 사는 이유』가 있다. 진선미는 작고한 진의종 전 국무총리의 조카딸로 명문가에서 태어나 신학대학을 졸업하고 연극배우로 활동하다가 김금화 만신에게 신 내림을 받고 신의 딸로 살아간다. 그는 옥황선녀를 몸 주신으로 모시고 있는 무당이다. 두 아이의 엄마와 한 남자의 아내인 그는 타고난 신기를 억누르기 위해 한때, 연극배우로 무대에 오르기도 했지만 결국 자신의 운명을 거스르지 못하고 일생을 무당으로 살아간다고 고백하고 있다.

진선미는 초등학교 2학년 때부터 방언을 했다 한다. 한밤중에 자다 일어나 벽을 마주보고 중얼거리기도 하고 꿈이나 환상을 보고 예언을 하기도 했다. 상대를 보고 생각할 겨를도 없이 입에서 말이 나와 그 말이 훗날 적중했다 한다.

KBS2 드라마 '엄마는 뿔났다' 에서 은실(강부자의 딸 역)이도 입에서 나오는 말이 적중하게 맞는 장면이 나온다.

『신이 선택한 여자』에 심진송 저자도 전통적인 기독교 집안에서 태어나 기구한 운명의 무녀로 어린나이에 나오는 말이 후일 사건과 동일시 되었다고 한다.

신의 선택에 네 번이나 자살하려했으나 뜻을 이루지 못하고 무녀로 미래를 예언하며 살아가고 있다고 기술하고 있다.

무당들은 일정한 신령을 몸주로 모시고 살아야 하며 신령을 부모 섬기듯 해야 한다. 보통 자신의 방 한 칸에 신당을 마련하고 신령에 해당하는 그림이나 물건을 걸어놓고 매일 아침 또는 매월 초하루나 보름날에 신령에게 정성을 드리고 도움을 청한다.

무당에는 성별에 구별없이 크게 두 종류로 나눈다. 신이 내려 무병을 앓고 무당이 된 '강신무' 와 가업으로 이어받는 '세습무' 로 나뉜다.

세습무는 예능 면에 뛰어나 춤이나 노래에선 강신무를 앞지른다. 지역적으로 중부 이북지방에 강신무가 많고 호남지방에는 세습무당이 많다고 한다.

굿은 복을 구하고 재앙을 물리치는데 목적이 있다. 인간의 생사화복이나 흥망성쇠는 인간 자신의 노력보다도 신령들에 의해 좌우된다고 한다. 굿당은 개인 신당보다 크기는 하지만 방 서너 칸 자리 굿당부터

*신윤복의 무녀신무

몇 채의 독채로 된 굿당이 있다.

대표적인 굿당이 인왕산의 국사당과 무악재의 산신당이다.

굿에는 재수굿과 오구굿이 있는데 재수굿은 천신굿이라고 하며 자기 집안의 안녕을 위해 정기적으로 행하는 굿을 말한다. 오구굿은 전형적인 사령제로서 죽은 영혼을 저승세계로 안전하게 이르게 해주는 굿이다.

얼마 전 중랑구 봉화산에 있는 굿 당제에서 초청장이 왔다. 마을 안녕을 비는 제라 했다.

문화재보호 차원에서 활성화되고 있으니 무조건 미신으로만 치부하기에는 어딘가 석연치 않으며 무시해버리는 경향은 재고해봐야 된다고 믿는다.

제 4 부

나라의 상징 다섯 가지

한글

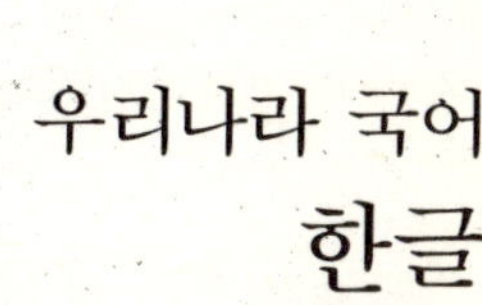

한글은 훈민정음(訓民正音)의 현대적 명칭이다. 세종대왕은 1443년에 새 글자를 만들어 3년간의 시험을 거쳐 1446년 세종28년에 훈민정음을 완성 발표하였다.

세종대왕이 창제한 훈민정음은 언문(諺文), 언서(諺書), 반절(半切), 국문(國文), 아랫글, 가갸글, 조선글 등으로 불려왔다.

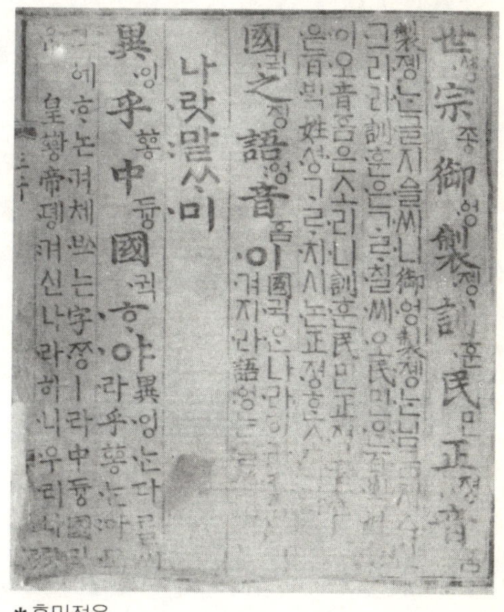

*훈민정음

언문이란 명칭은 세종대왕 때부터 한글이란 이름이 일반화되기 전까지 널리 쓰였다. 한글로 이름이 통일된 시기는 주시경 선생에 의해서 비롯되었다. 한글이란 이름은 '큰 글', '세계에서 오직 하나밖에 없는 글', '한민족의 글' 이란 뜻으로 지었다.

훈민정음의 창제 취지는 우리 배달겨레가 중국과 다를 수밖에 없는 자주적인 생각에서 만들었기에 사대주의에 벗어나 민족주의를 고양시키려는 뜻이 담겨져 있다.

중국의 한문 글자만 가지고는 우리 겨레의 언어생활을 원활히 할 수 없다고 판단해 백성을 위주로 한 민본주의를 실현하자는 세종대왕의 의지가 나타났다.

세종대왕은 우리에게 맞는 글자를 갖지 못한다면 여간 딱한 일이 아니며 백성들이 어찌 잘 살수 있겠는가 걱정하였다.

훈민정음 창제로 우리는 독자적인 문화를 발전시킬 수 있는 토대를 마련했다. 한글 낱자인 자모(子母)는 28자인데 4자는 쓰지 않고 있다.

초성인 닿소리는 17자인데 3자 반치음(△), 후음(ㆆ), 아음(ㆁ)은 쓰지 않아 14자만 쓰고 있으며, 모음홀소리는 11자인데 중혈 모음(●)자가 쓰이지 않고 10자만 쓰여 지금은 24자만 사용하고 있다.

닿소리가 겹쳐지면 병서(竝書)인 겹닿소리가 되고 홀소리가 겹쳐지면 중모음 겹홀소리가 된다.

한글은 나타내지 못하는 말이 없으니 훈민정음만큼 과학적이고 조직적인 글자도 없다. 이 점은 학술적으로도 충분히 입증되었다.

언어를 계통적으로 분류해 보면 알타이, 인도, 유럽, 슬라브, 우그리아, 시노티베트어족 등으로 나눠볼 수 있는데 우리나라는 알타이어에 속한다.

문자는 유형에 따라 회화(繪畵), 표의(表意), 표음문자(表音文字)로 나눈다. 한글은 가장 발달한 소리글자에 해당되며 글과 말이 무엇보다도 순수한 우리 것이다.

5천년의 역사를 통해 가장 훌륭한 지도자를 들라고 하면 한글을 창제한 세종대왕을 꼽는데 주저하지 않는다. 영국 리즈대학의 셈슨 교수는 1985년 펴낸 『문자체계』라는 저서에 한글의 독창성과 과학성을 극찬한 바 있다. 언제인가 그분이 한국을 방문했을 때 덕수궁 안 세종대왕 동상 앞에 이르더니 갑자기 큰 절을 올리더라는 것이다. 세종대왕을 그만큼 존경했기 때문이다.

미국 시카코대학의 매콜리 교수도 해마다 10월 9일 한글날이면 강의마저 휴강한 채 집으로 학생들을 불러모아 파티를 열며 언어학자라면 반드시 기념해야할 경사스러운 날이라며 한글날을 환기시킨다고 한다.

우리는 한글이 우수하다고 배워왔지만 이를 실감하지 못한 채 언어생활을 하고 있다. 외국의 저명 학자들이 오히려 한글을 연구하며 우수성을 세계에서 공인받고 있으니 실로 놀라운 일이 아닐 수 없다. 한글처럼 감정을 자유자제로 표현할 수 있는 언어도 없다. 우리말의 존대말이나 형용사를 찾아보면 금방 이해할 수 있다.

'검다' 라는 말만해도 꺼멓다, 까맣다, 새까맣다, 시꺼멓다, 거무스레하다 등 여러 가지로 변형된다. 영어의 black으로로는 도저히 흉내 낼 수 없다.

모양이나 소리를 시늉 내는데도 우리말처럼 다양하고 정확한 음이 없다. 꼬불꼬불, 울퉁불퉁 모양을 나타내며 시늉에도 닭과 개구리 우는소리 꼬꼬댁 개굴개굴 등, 가장 실감나게 표현할 수 있다. 우리말은 사고를 표현하는 수단으로 부족함이 없다.

한글의 역사를 보면 훈민정음이 창제된 이후 세종은 『용비어천가』 『월인천강지곡』등 창작 이외 세종 29년에 『동국정운』 같은 운서도 편찬하였다.

최만리는 한글반대 상소를 했고 연산군은 자기의 폭정을 비판한데 기인하여 한글사용을 엄단하고 서적을 불살라버렸으나 근본적으로 침체된 것은 사대주의사상 때문이었다.

명맥을 유지해 온 데에는 한글이 그래도 시조, 가사, 소설문학 등의 영향이 크다. 구 한 말(舊韓末)들어서서 주시경, 이능화, 지석영 등이 국문연구를 시작하여 참다운 우리글 연구가 시작되었다. 독립신문도 큰 공헌을 했고 3·1운동 이후 신문학 발전과 더불어 국어학이 성립되기 시작하였다. 조선연구학회가 1921년에 조직되고 조선어학회가 1931년에 발족되면서 본격적인 활동이 시작되었다.

한글날이 1925년에 제정되고 『한글』이란 기관지가 1927년에 발행되었으며 '한글맞춤법통일안' 이 1933년에 만들어졌다. 『표준어사전』『조선말 큰 사전』을 편찬하는 등 부흥기에서 발전기로 접어들었다.

일제 36년 간은 민족과 더불어 수난기였다. 조선어학회 사건으로 한글 학자들이 1942년에 많이 투옥되었다. 조선어학회는 해방과 동시 '한글학회' 로 개칭되어 지금까지 연구와 발전에 적극 노력 해왔다.

한글은 초성, 중성, 종성으로 짜여져 있어 글자를 기계화하기에는 더없이 용이하다. 정보화사회를 살아가면서 언어를 기계화 할 수 없다면 경쟁에서 뒤진 현상은 불을 보듯 뻔하다.

컴퓨터나 타자기의 글자판이 없는 상황을 상상해보라, 과연 정보전쟁에서 살아남을 수 있나? 한글은 다행히 기계화하기에 더없는 구조를 갖고 있다. 명실공이 독창성이나 과학성에 있어 세계 최고의 글자다. 한글은 그리기에 세계문화유산에 1995년에 기록유산으로 등록됐다.

한글이 자랑스럽게도 세계 공용어가 되는 날을 기대 해봄이 우리 민족의 소망이며 희망을 앞당기기 위하여 긍지를 잃지 말고 더욱 열심히 갈고 닦는 마음의 자세를 가져야 한다.

만물 생성론의
태극기(太極旗)

*태극기

태극기는 우리민족의 주권과 명예와 생존권의 상징이다. 우리 나라의 독립운동과 세계올림픽 등 큰일이나 행사에는 태극기가 휘날린다.

국기제정은 1882년 고종 19년 5월 22일에 체결된 조미수호통상조약(朝美修好通商條約) 조인식이 직접 계기가 되었다.

조선왕조는 청이 자기나라 국기인 용기(龍旗)를 약간 변형하여 사용할 것을 요구하였다. 그러나 거부하고 우리민족이 즐겨 사용해오던 태극모양과 흰색바탕에 빨강, 파랑으로 그린 태극도형기를 임시국기로 사용했다. 그 후 국기제정의 필요성을 느낀 조선은 도형기에 8괘를 첨가하여 기를 만들었다.

1882년 9월 박영효는 고종의 명을 받아 특명전권대신(特命全權大臣) 겸 수신사(修信使)로 국기를 지니고 일본으로 건너가던 중, 선상에서 태극모양과 8괘 대신 4괘만을 그려넣은 기를 만들어 9월 25일에 사용하였다.

10월 3일 본국에 돌아와 이 사실을 고종에게 보고하자 1883년 3월 6일 왕명으로 태극도안의 태극기를 국기로 제정 공포하였다.

구체적 제작방법이 명시되어 있지 않아 대한민국 임시정부가 1942년 6월 29일 국기제작법을 일치시키기 위해 '국기통일양식'을 제정 공포하였으나 일반 국민에게 널리 알려지지는 않았다.

1948년 8월 15일 대한민국 정부가 수립되면서 태극기 제작방법의 필요성을 느껴 1949년 1월 '국기시정위원회'(國旗是正委員會)를 구성하여 그해 10월 15일 국기제작법을 확정 발표하였다.

태극기는 송나라 주염계(周濂溪)의 태극도설(太極圖說)에서 기원하여 태극마크에서 음양오행을 종합하여 '만물생성론'을 설명한 것이다.

태극 동정(動靜)에 의하여 음양이 생기고 천지가 생긴다. 음양 변함에 따라 오행(五行)이 생기고 오기(五氣)가 순포하였으며 이것이 합쳐서 남녀가 생기고 남녀 2기가 교감하여 만물이 생겨난다고 하였다.

뜻을 살펴보면 흰색 바탕에 태극모양과 네 모서리의 건곤감이(乾坤坎離) 사괘(四卦)로 구성되어 있다. 흰색 바탕은 밝음과 순수, 평화를 사랑하는 백의민족을 나타낸 것이요, 가운데 태극모양은 음(파랑)과 양(빨강)의 조화를 상징한 것으로 우주만물의 음양 상호 작용에 의하여 생성(生成)하고 발전한다는 대자연의 진리를 형상화했다.

네 모서리의 4괘는 음과 양이 서로 변화하고 발전하는 모습을 나타낸 것이다.

건(乾)(☰)은 우주, 천(天), 사계절, 봄(春)방향, 동(東) 덕목, 인(仁)을 나타내고 곤(坤)(☷)은 지(地) 하(夏) 서(西) 의(義)요, 감(坎)(☵)은 일(日) 추(秋) 남(南) 예(禮)요, 이(離)(☲)는 월(月) 동(冬) 북(北) 지(智)를 나타낸다. 양(陽)은 상천(上天)적색(赤色)이요 음(陰)은 하천(下天) 청색(靑色)이다. 바탕은 검은색으로 태극을 중심으로 통일의 조화를 이루고 있으며 우주와 더불어 끝없이 창조와 번영을 갈망하는 우리 민족의 이상을 담고 있다.

태극에 담긴 이런 정신과 뜻을 이어받아 민족 화합과 통일을 이룩하고 인류의 행복과 평화에 이바지한다는 함축성 있는 내용이다.

국기의 디자인도 문화나 종교권에 따라 유사성을 지니고 있다. 아침에 일찍 일어나 부지런히 일해야 하는 민족, 아침을 소중히 여기는 문화권은 국기에 해가 들어가 있다. 일본, 중국, 그리고 태극기도 여기에 속한다.

우리 민족은 예부터 하루 중 아침과 동(東)을 좋아해 남을 대접할 때도 조찬으로 한다. 그래서 조선(朝鮮) 조회(朝會) 조찬(朝餐) 등 아침을 선호했다. 또한 해가 떠오르는 동쪽을 바라보며 일터로 나갔다.

이에 비해 덥고 모진 대낮을 피해 달과 별을 지표삼아 사막을 이동해서 살아야하는, 즉 밤을 소중히 여기는 문화권은 국기에 반달과 별이 있다. 터키, 파키스탄, 말레이지아, 알제리, 튀니지, 이슬람 및 중동 아프리카 여러 나라들이 여기에 속한다.

태극기는 고단한 민족의 역사만큼 시련과 수난도 많았다. 그러나 기본 형태와 담긴 정신만은 변함없이 지켜왔다. 우리 민족은 무려 36년간의 일제 유린과 폭압 속에 몸은 비록 고달팠어도 가슴 속 깊은 한 구석에 꼬깃꼬깃 접어서 숨긴 태극기의 정신과 꿈을 간직하고 살아온 우리 선조들이다.

태극기의 역사를 보면 1919년 3·1운동 후 만주에서 한일독립단체인 태극단이 결성돼, 해외에서 독립운동을 선전하는 책자 등에 인쇄되고 독립군들의 진군기 등으로 쓰이기도 했다. 미주지역에서는 독립선언식을 거행하며 태극기를 들고 시위도 했고, 상해 임시정부는 자주독립국가임을 세계만방에 선포하고 청사실에 꽂아놓기도 했다. 1932년 김구 선생의 지시로 일왕의 생일 축하식에 거행되는 상해 홍키우공원에 들어가 폭탄을 던진 윤봉길 의사, 동경 교외연병장에서 수류탄을 던진 이봉창 의사들은 한결같이 태극기 앞에 조국의 독립을 위한 결사 항전을 다짐했다.

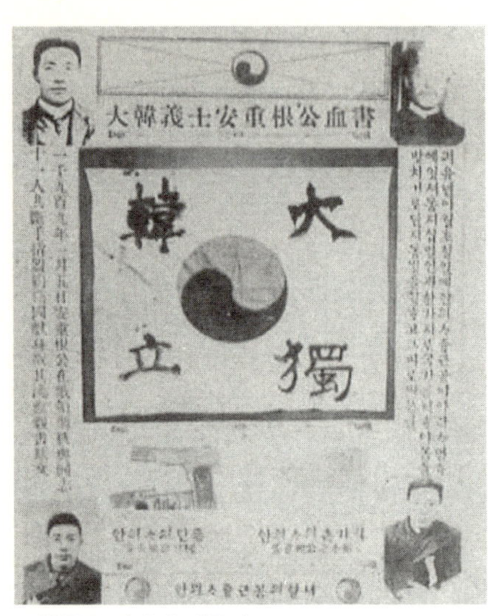

*안중근 의사의 태극기

일제 강점기 독립운동에 쓰인 태극기엔 선열들의 나라사랑 정신과 간절한 광복의 염원이 있기에 오늘날의 대한민국이 존재했으리라 본다.

미국 사람들은 하루에 평균 열두 번씩 성조기를 보며 산다는 조사가 있었다. 미국은 학교나 경찰소 재판소 등 관공서는 물론 공장이나 약국 식당에도 성조기가 게양되어 있고 실내 들어가도 작은 국기대가 여기저기 놓여있다.

우리나라는 1961년만 해도 국민총생산 GNP 62달러의 경제가 현재 새 정부에서는 747 경제 계획으로 국력을 키운다고 한다. 7%에 성장 10년 안에 4만 달러 경제성장을 가져와 세계 7대 강대국 안에 진입한다는 계획이다. 우리 삶의 경제가 이렇게 크게 발전한 힘도 민족의 얼을 하나로 묶는 태극정신에 있다고 본다. 그런 우리가 국기에 대해 소홀한 감이 든다.

우리민족의 상징인 태극기의 존엄성도 모르고 어쩌다 돌아오는 경축일이나 기념일에 태극기 게양한 가정보다 달지 않는 집이 더 많다. 그러기에 국가에서나 서울시에서 태극기 게양 행사를 대대적으로 벌이지 않았나 본다.

정부수립 50주년 기념과 태극기에 대한 관심을 갖기 위해 1998년 7월 17일부터 8월 15일까지 한달 간 '태극기달기운동' 으로 그리기 대회, 퍼레이드, 태극기 가까이 하기 위한 행사를 가졌었다. 강남구에서는 제일 먼저 테헤란로에 국기달기 시범거리로 조성하였다.

이런 행사를 자주 가져 국기에 대한 애정과 대한민국의 자주성을 지켜야 한다.

정부에서는 해가 뜰 때 게양했다가 일몰 시에 거둬들였던 태극기를 우리 생활 속에 더 근접하기 위해 1996년, 국기에 대한 규정을 바꾸어 24시간 게양할 수 있게 하였다.

국경일이 아니더라도 공공기관을 비롯하여 대형 건물과 호텔 등 도처에 국기를 게양하여 국민의 눈에 띄는 빈도를 높여 화합과 애국의 심벌로 자리매김 하고 있다.

우리는 깊은 관심과 태극의 뜻을 알고 게양에 힘써 자랑스러운 한국인 임을 나타내는데 최선의 노력을 해야 한다고 본다.

우리가 부르는
애국가(愛國歌)

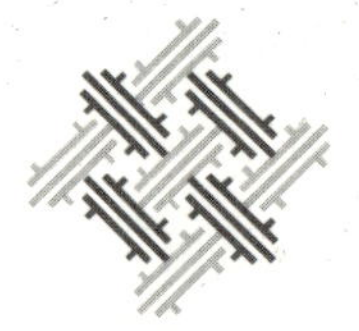

*작곡가 안익태

애국가는 대한민국 정부수립 60년 동안 지금까지 반세기 넘게 작사자 미상으로 불려지고 있으며 1955년 국사편찬위원회가 작사자 미상으로 발표하여 오늘에 이르고 있다.

작사자를 놓고 윤치호, 안창호, 김인식, 최병헌, 민영환, 윤치호와 최병헌 합작설 등 의견이 분분하였다. 당시 국무회에서 애국가 작사자는 여러 사람들의 주장 속에 뚜렷하게 거명되지 못하고 '애국가작사자조사위원회'의 구성까지 이루었으나 결국 "알 수 없다"로 결론지었다.

한 동안 애국가를 바꾸어야한다고 말이 많았으며 애국가 가사 내용에 대해 재검이 있어야 한다는 주장도 있었다.

작곡자 윤석중씨는 가사 내용 중 '철갑을 두른 듯' 등 시대정신에 맞지 않는 부분이 적지 않다며 떳떳하지 못하고 누가 언제 지었는지도 모르는 애국가보다는 우리 정서와 우리나라 말로 된 나라사랑 노래가 만들어져야 한다고 주장했다.

이명환 연구원은 "애국가는 전통을 바탕으로 국가 국민 의식에서 만들어진 것이다"라고 말하며 우리나라가 통일된 후 통일국가에서나 재론할 문제이지, 논쟁이 뜨겁다고 바꾸는 것은 옳지 않다고 하였다.

그동안 애국가 작사자를 밝히려는 노력은 정부수립 이후 교육인적자원부나 국사편찬위원회의 공동 규명 작업이었다. 지금은 남북이 대치해 있는 상황이기에 국가(國歌)가 없고 애국가(愛國歌)만 있다. 언제인가 통일이 되면 새로운 국가가 만들어 질 것으로 보고 있다.

세계 여러 나라 국가(國歌)에는 두 가지 유형으로 대별할 수 있다. '신(神)은 우리 임금을 도우사……'로 시작하는 '평화적 영국형(英國型)'과 라마르세이유처럼 군가(軍歌)를 국가로 삼은 '전투적 프랑스형'으로 대별해 볼 수 있다 한다.

'동해물과 백두산이 마르고 닳도록 하느님이 보우(保佑)한 것을 염원하는 한국 국가는 영국형이다. 우리 선조들은 많은 전쟁과 시달림, 빈곤에 허덕이다보니 평화적 영국형의 노래를 많이 선호하고 있다.

서양은 대개 작은 것을 쌓아 큰 것을 만드는 태산형(泰山型)에 비해 우리나라 애국가는 동해물이 다 마르고 백두산이 다 닳아 없어질 때까지 하느님이 보호하는 염원을 바라는 소모형(消耗型)의 내용이다.

애국가의 가사는 일제 36년 치하에 나라잃은 설움을 달래기 위해 민중에서 불리어져 왔다고 한다.

애국가를 작곡한 사람은 안익태다. 그가 작곡하게 된 동기는 미국 샌프란시스코 한인교회에 들러 그 곳 교포들이 올랭싸인의 스코틀랜드 민요곡에 맞추어 애국가(가사)를 부르는 것을 보고 옛날 평양 숭실중학교에 다니던 때 상급생 한사람이 이 외국 민요가락에 맞춰 애국가를 부르다가 일본 헌병에 붙잡혀 가던 기억을 생각하게 되었다 한다.

일본의 침략에 비위가 뒤틀려 조국을 등져야 했을 때 뼈저린 슬픔을 달래기 위해 애국가 가사에 이별가의 슬픈 곡조를 붙여 부른 것이 그 당시 애국가였다.

　슬픈 노래만 부르고 있을 일이 아니며 괴로움을 이겨내고 앞을 내다보며 또한 내다볼 수 있게끔 노래를 부르도록 해야 한다는 생각이 그때 망명가들의 일치된 의견이었다 한다.

　안익태는 평양 출신으로 평양 숭실학교를 수료하고 일본 국립음악학교에서 첼로를 전공하다가 1930년 미국으로 건너가 필라델피아의 커티스 음악학교에서 작곡을 공부하였다.

　안익태는 세계 40여 개국의 국가를 수집 검토해가며 애국가 작곡에 손을 댔다. 그런지 5년 만에 베르린에서 완성을 보게 되었다.

　안익태는 1936년 6월 초순, 애국가의 끝장 작곡을 완성하였는데 마침 올림픽 대회에 우리나라 선수들이 참가한다는 소식을 듣고 응원가로서 임시 이름을 바꾸어 올림픽 대회장에 내놓았다.

　1936년 8월 초하루 베르린 올림픽의 개막식이 끝나자 일본 대표선수로 출전한 한국선수 손기정, 남승용, 김용석, 이규환, 장이진 등이 스텐드 한쪽 잔디밭에 모여앉아 환담을 나누고 있는 자리에 독일에 거주한 한인이 와서 자작 응원가로 불러주겠다며 발과, 손, 고개로 장단을 맞추어 응원가를 부른 것이 지금의 애국가라 한다.

　처음에는 '대한 애국가' 라고 적고 그런 일이 있은지 보름 뒤 손기정이 마라톤에서 당당히 1등으로 테이프를 끊게 되자 아우성을 치며 응원도중 돌연 이 노래가 흘러나와 안익태의 작곡한 노래가 처음으로 불러지게 된 것이다.

　미국 대표단은 새 애국가를 가져가 샌프란시스코의 요인들과 개창식을 간단히 갖고 교포들 간에 널리 불리어졌으며 교포신문 '새한일보' 에 악보가 게재되어 활자를 통해 첫선을 보게 되었다.

　대한국민회에서는 악보를 대량으로 복사하여 중국 상해에 망명중인 대한민국 임시정부 앞으로 보내졌다.

　1948년 정부가 수립되고 이승만 대통령이 안익태가 작곡한 애국가를 국가로 지정하자 대통령에게 다음과 같은 친서를 보냈다. "이 애국가는 본인이 지은 것이 아니라 하느님께서 지은 것입니다. 본인은 다만 하느님의 영감(靈感)을 대행했을 뿐"이라고 겸손해 했다.

안익태는 스페인 여자 타라베라(로리타여사)와 결혼하여 스페인 국적을 얻어 마르리드 비올카교향악단에 상임지휘자가 되었다. 그는 스페인 바르셀로나 병원에서 운명을 하였는데 그 도시에 안익태 이름을 딴 도로 명칭인 '익태로'가 있다. 1966년 유해가 한국으로 와 국립묘지 애국지사 묘에 안장되었다.

필자는 안익태기념사업회에 간사를 맡고 그 가족과 함께 매년 9월 17일 국립묘지에서 많은 음악인들을 모시고 추모식을 가졌다.

추모식에는 안익태 미망인 로리타여사가 한국을 찾기에 김포공항까지 마중을 나가 안내해 주었다. 그분은 딸만 셋 있는데 딸들은 미국에 살면서 아버지 고향 한국을 가끔 찾고 있다.

안익태기념사업회 초대 회장에 이영세, 2대 회장에 이승학(대한음악지도자협회 회장)씨가 운영하다가 1992년 국가가 사단법인 설립을 세워 정부 관리 단체로 넘어갔다. 애국가는 응원가로 시작, 교포들과 임시정부 요인들이 고국에 들어와 불려지면서 많은 어려움이 있었다.

1948년 미군정에서 벗어나 정부 수립과 동시, 처음으로 대한민국 국가로 정식 채택되어 온 나라 국민 사이에 널리 불려지고 있다.

필자는 교육생활을 하면서 애국가 1~4절까지 부를 수 있고 태극기를 그릴 줄 아는 애국심과 민족혼을 심어주었다.

외국인이 우리나라 국적을 얻는 시험에 애국가를 외워 부를 수 있어야 합격할 수 있다한다. 애국가와 태극기는 우리 민족의 상징이요 대한민국을 대표한다.

좀더 사랑하는 마음으로 관심을 갖고 불러주기를 간절히 소망해 본다.

일편단심 충절의
무궁화(無窮花)

*무궁화

나라마다 국가(國家)를 상징하는 꽃이 있다. 우리나라 꽃은 무궁화이며 대한민국의 표상이다. 무궁(無窮)은 공간 또는 시간공간의 다함이 없다는 뜻이다.

우리나라 훈장 가운데 최고의 훈장이 무궁화대훈장이다. 대통령과 배후자 또는 우방국 원수에게 수여될 수 있다. 이런 최고의 영예를 나타내는 훈장이 무궁화와 결부된다는 것은 그만큼 한국인의 사랑을 받기 때문이다.

무궁화는 100여 일 동안 피고 진다. 어느 꽃에 비해 계절에 구애됨 없이 계속 피는 꽃이다. 울타리나 장독대 또는 산과 들 어떤 곳도 가리지 않고 자라기에 고금의 시인 묵객들과 모든 사람들이 이 꽃을 찬양하고 노래했는지도 모른다. 그래서 무궁화는 한 국민의 정서 또는 민족성을 대표하는 꽃으로 선정되었을 것이다.

무궁화는 월남, 브라질, 하와이 등 외국 무궁화들은 꽃 자체가 진홍이건 연홍이건 단일색이다. 우리나라 무궁화처럼 화심(花心)에 단심(丹心)이라는 붉은 부위가 없다. 백의민족에 일편단심 충절을 표현하는 무궁화다.

모든 꽃은 지려하지만 생명을 매듭짓는 작태는 다르다. 대개 꽃들은 꽃잎이 시들어 지저분하지만 무궁화는 그렇지 않다. 생명을 접듯이 꽃잎을 단정히 닫는다. 그럴 때마다 마치 꽃봉오리 때 모습으로 되돌아가는 것 같다. 그래서 피려는지 지려는지 알 수가 없다.

모진 세파에 시달려도 중도에 포기하지 않고 참아내며 자신의 업을 남에게 핑계 없이 차곡차곡 개어 감싸고 깨끗이 마무른다. 요염하게 절제 없이 흐트러지게 피어대는 장미나 목단의 말로와 비교하면 다르다는 것을 알 수 있다.

무궁화는 끊임없이 피고 지는 우리나라를 상징하는 꽃이기에 주변 국가들은 예로부터 대한민국을 무궁화 땅이라고 불렀다. 이에 대한 기록을 보면 동진(同塵)의 문인 곽박이 쓴 『지리서』에 군자의 나라에 무궁화가 많은데 아침에 피고 저녁에 지더라는 구절이 있다. 또 중국의 고전인 『고금기(古今記)』에도 군자의 나라에는 지방이 천리인데 '무궁화가 많이 피었더라' 는 기록이 있다. 이런 기록으로 보아 우리나라에는 이미 가는 곳마다 무궁화가 만발했던 것으로 생각된다. 고려 제 16대 예종은 고려를 근화향(槿花鄕)이라고 불렀다고 한다.

무궁화는 원래 우리나라에서만 자생하는 꽃이었다고 하는데 지금은 세계 각국에 약 300여 종이 자라고 있다. 나라마다 그 나라의 국화(國花)로 지정하게 된 배경에는 다 그럴만한 이유가 있는 것 같다.

영국의 장미는 원래 왕실의 휘장이었다. 일반 백성들이 장미를 사랑하며 가꾸게 되면서 영국의 국화로 지정했다 한다.

스코틀랜드는 엉겅퀴가 국화인데 엉겅퀴는 얼핏 보면 가시가 많은 보잘 것 없는 잡초에 불과하다.

옛날 덴마크 해적들이 몰래 침입하다가 엉경퀴가시에 찔려 비명을 지르게 되었다. 스코틀랜드 사람들은 그 소리를 듣고 해적이 쳐들어온 것으로 알고 재빨리 피난하여 모두가 무사 할 수 있었다. 이런 연유로 스코틀랜드는 엉경퀴 꽃을 국화로 삼게 되었다 한다.

우리나라가 특별한 배경 없이 무궁화를 나라꽃으로 지정한 것은 매우 자연발생적이다. 19세기 중엽, 꽃을 좋아하는 사람들이 왕실의 문장(文章) 또는 훈장이나 화폐의 표상으로 널리 사용하면서부터 라는 설이 대체적이다. 한편으로는 남궁억이 지정하였다고 한다. 그는 철종 때 태어나 일제시대(1939) 76세로 독립운동가, 교육가, 언론가이며 한성신문사 사장을 지냈다. 1931년 홍천에 보리울 학교를 세우고 무궁화동산을 만들어 무궁화 사건의 주모자로 옥고를 치루고 8년 후에 죽었다. 내가 죽거든 무덤을 만들지 말고 무궁화 12송이와 함께 나무 밑에 묻어서 거름이 되게 하라는 유언을 남겼는데 12송이는 조선의 12도를 상징한 것이라 한다. 또한 윤치호와 상의하여 애국가에 무궁화를 넣도록하여 애국가 가사에 실렸다는 이야기도 있다.

무궁화는 1910년 일본이 우리나라를 강제로 통치하면서 더욱 애국심의 표상처럼 여기게 되었다. 일제시대 일본 관헌들이 뿌리 채 뽑아버리려 한 못 된 짓도 한 민족의 얼을 말살시키려던 뜻이었다.

어떤 사람은 무궁화를 보고 벌레가 많이 몰려드는 추한 꽃이라고 말한다. 사실은 그렇지 않다. 서양 사람들은 무궁화를 '샤론의 장미' 라고 부른다. 샤론은 성서에서 나오는 지명으로 현재 팔레스타인 서부에 위치하는 매우 비옥한 평야다. 성서의 땅 샤론에 피는 장미로 호칭되리만큼 무궁화는 장미에 버금가는 아름다움과 성품을 지닌 꽃이기도 하다.

광복 후 1948년 정부수립과 동시 입법부의 대표인 국회의원 배지도 무궁화요 치안의 상징인 경찰마크도 무궁화다. 또한 국기에 대한 법을 제정할 때 깃봉을 무궁화 꽃봉오리로 하도록 정하였다.

무궁화는 끝없이 피는 꽃, 장엄하고 엄숙하며 미려한 기품과 정조와 결백을 갖춘 꽃이기도 하다. 겨레의 얼굴 민족정신을 상징하는 넋으로 합당한 꽃도 드물다고 본다. 그런 덕목을 고루 지닌 꽃이 무궁화다. 척박한 땅 아무 곳에서나 잘 자라는 꽃, 그런 속성이 일제 강점기 동안 남다른 고난 속에서 살았던 이 나라 민족들에게 자신들의 모습이 투영되었을 것이다.

무궁화는 분명히 우리의 애환을 같이한 민족의 꽃으로 가슴깊이 자리잡고 있다. 그러기에 더욱 사랑하고 아껴야 하겠다.

*정이품송

소나무는 우리나라 국목(國木)이다. 나라마다 지정된 나무가 있다. 소나무는 우리민족과 애환을 함께 하였고 꿋꿋한 정기 때문에 국목으로 지정되지 않았나 하는 생각이다.

허공에 맴도는 조선인의 그림자

필자한테는 소나무와 관련된 기억이 퍽 많은 편이다. 일제시대나 해방이 되면서 초등학교(소학교)에 다녔던 사람이면 학교에서 솔방울을 채취하러 다녔던 기억이 생생할 것이다. 겨울 난로 땔감으로 솔방울을 줍거나 채취해야 했다. 나는 초등학교 1학년 때 솔방울을 줍다가 나무에 발을 찔려 지금도 흉터가 남아있다. 소나무에 얽힌 기억은 그뿐만 아니라 송편을 찌기위해 솔잎이라도 따러 가노라면 얼마나 신이 났던가?

솔잎을 딸 때 코끝에 배어드는 떫고도 알싸한 송진 내음은 목재소에서 소나무를 켤 때도 은은히 풍겼다.

소나무 쳐낸 가지에서 송진이 고여 굳어진 관솔은 쉽게 꺼지지 않고 오래 타기 때문에 밤을 밝혀주는 횃불로도 이용됐다. 임진왜란 때 선조가 평양으로 몽진할 당시 임진강 나루터에서 칠흑같이 어두운 밤, 송진을 발라 세운 화석정에 불을 질러 대낮같이 밝게하여 강을 무사히 건넜다는 일화도 있다. 그리고 고향인 달래강에서 관솔불에 콧구멍이 시커멓게 그으는 줄도 모르고 밤늦도록 고기잡이에 열중했던 추억도 있었다. 딸을 낳았다고 금줄에 솔가지를 내걸던 풍속, 이 모두가 솔에 얽힌 이야기다. 소나무는 그만큼 우리민족의 삶과 밀접한 관계를 맺어왔다.

소나무는 대개 5월에 꽃이 피고 이듬해 9월에 열매를 맺는다. 가을바람에 바람개비 같은 솔씨를 날린다. 소나무는 나자식물의 상록수다.

세계적으로 9속 210종이 있지만 우리나라는 6속 25종이 분포되어 있다한다. 우리나라의 소나무는 북부 고원지대를 제외한 전국 각지에서 자생하고 있다.

소나무는 생김새에 따라 여러 대가 나오는 반송, 줄기가 밋밋하게 자라는 금강송, 가지가 밑으로 축 처지는 품종 등으로 분류한다. 색깔로도 구분한다. 붉은 빛을 띠는 적송, 연륜을 거듭할수록 백색으로 변하는 백송(백골송), 백송의 분포도는 전국에 몇 군데 안 된다.

헌법재판소 뒤뜰, 김정희 고택 마당, 용산구 원효로 심원정 터 등은 천연기념물로 지정되어 있다. 또한 바닷가에서 자라는 소나무를 해송(海松), 내륙에서 자라는 육송(陸松)이라며 따로 분류하기도 한다.

한국 소나무의 재질은 우수하다고 정평이 나있다. 소나무는 때로 용트림하듯 곡선미가 더 아름답게 보인다. 화가나 시인 같은 예술가들의 찬미의 대상이 되기도 한다. 곧은 것은 곧은 대로 매력이 있다.

궁궐(경복궁, 창덕궁, 창경궁, 덕수궁, 종묘 경희궁)이나 문화재, 관리의 집을 짓는데 쓰인 목재들은 곧고 굳은 소나무들이다. 소나무의 경우만은 곧은 것이 좋고 굽은 것이 나쁘다고 생각하지 않아도 좋다. 곧은 것은 곧은 대로 목재로 쓰였고 굽은 것은 굽은대로 훌륭한 관상수가 되어 시나 그림의 소재가 되었다. 잘난 놈, 못난 놈도 없는 무등(無等)의 이상향이 바로 소나무의 세계라 본다.

속리산 법주사 입구 세종대왕이 지정한 정2품송, 소나무의 우아한 자태를 보노라면 소나무의 굽음은 탓할 수 없다. 마치 우산을 펴든 듯 잔가지들을 잔뜩 늘어뜨린 반송은 하늘을 향해 꼿꼿이 자란 소나무보다 훨씬 점잖고 아름답게 보인다.

소나무는 온 산에 가득하여 흔해 보이면서도 곰곰이 살펴보면 귀하기가 그지없으며 천연기념물로 지정된 소나무가 많다.

보은군 내속면 정2품송을 비롯해, 경남 합천군 묘산면 화양리 나곡마을의 소나무, 충북 괴산군 청천면 삼송리, 전북 무주군 실천면 삼공리, 경북 문경군 능암면 화산리, 경북 상주군 화서면 상현리, 경북 예천군 감천면 천양리, 경북 청도군 매전면 동산리, 경북 청도군 운문면 신원리 등의 소나무는 천연기념물로 지정되어 있다.

소나무는 여러 가지 면에서 퍽이나 유용한 수종이다. 솔잎, 꽃가루, 수피는 약용과 식용으로도 이용되고 목진 부분은 건축자재 침목, 도구재 등으로 쓰인다. 굽고 휘어져서 자태가 빼어난 것은 정원수로 각광을 받는다. 뿐만 아니라 제 몸 죽어가면서 솔의 혼백이라고 할 버섯을 돋우어 사람들에게 값진 영양소를 공급한다.

버섯의 왕자라는 송이버섯을 비롯해 솔잎이 떨어진 곳에 돋아나는 모든 버섯들이 다 향기로워 식용으로 쓰인다.

불로장수를 꿈꾸는 인간의 욕망은 십장생이라는 한국적인 독특한 자연물 숭배의 전통을 낳았다. 해, 달, 산, 물, 돌, 소나무, 불로초, 거북, 사슴, 학 등 열 가지인데 식물로는 유일하게 소나무뿐이다. 소나무의 품수는 이것으로도 가히 짐작이 된다.

소나무는 애국가에도 등장한다. '남산위에 저 소나무 철갑을 두른 듯 바람서리 불변함은 우리 기상 일세.' 이처럼 우리는 소나무를 유달리 사랑하고 또 자랑으로 삼아왔다.

일제식민지 하에 일본인들이 소나무 옆에 번식력이 강한 아까시아를 심어 소나무를 고갈시킬 계획을 세웠다.

찬바람과 된서리에도 굽히지 않는 늘 푸른 기상은 우리 민족의 모본(模本)으로 삼았으며, 절개의 상징으로 인식되어 왔고 귀히 여겨왔다.

4월 9일 나의 고희기념출판기념회에 축가를 부른 배영화 원장은 노래 제목도 선구자로 부르겠다고 제안을 해왔다. 이 노래는 일제에 맞서 싸우던 독립운동가의 기개를 가진 노래인데 어려운 시대에 어렵게 앞만 보고 달려와 칠순을 맞는 사장님이 독야청청한 소나무와 비교가 된다면서 선구자를 부르는 것이 뜻이 있다고 하였다.

'일송정 푸른 솔은 홀로 늙어갔어도 ……'

윤선도의 오우가중 '내 벗이 몇이나 될고 하니 수석과 송죽이라' 에서 송(松)이나 성삼문이 사육신으로 능지처참 당하면서 불사이군의 충절을 남긴 글, '이몸이 죽어가서 무엇이 될고 하니 / 봉래산 제일봉에 낙낙장송 되었다가 / 백설이 만건 곤할 때 독야청청 하리라' 의 시나 시조가 많은 것도 우리 민족이 소나무와 함께 살아왔기 때문이다.

어쨌든 소나무는 고고한 기품과 다양한 유용성으로 한국인의 대표적인 수종(樹種)이다.

무궁화가 한국의 꽃이라면 소나무는 한국의 나무다. 소나무를 뜻하는 송(松)자는 나무목(木)에 공변될 공(公)자가 합쳐져서 된 글자이다. 즉 공적인 나무라는 뜻이다. 글자가 뜻한바 소나무는 가느다란 잎에서 뿌리에 이르기까지 어느 것 하나 버릴 것이 없다. 더 없는 이익을 사람에게 나누어 준다.

소나무는 분명히 우리 민족과 운명을 같이 해왔기에 한국의 나무다. 그러기에 나는 소나무를 아끼고 사랑하고 있는지도 모른다.

제 5 부

국보 고궁을 돌아보고

조선왕조 최초의
경복궁(景福宮)

*경회루

경복궁은 조선왕조 최초의 궁이다. 외양의 화려함으로 본다면 '만년토록 큰 복을 누린다는' 궁의 뜻에 합당한 말이 되겠지만 이외로 많은 수난사를 지닌 궁이다.

문화재보호재단위원으로 매월 1회씩 궁문 개폐식, 궁의 행사 재연식 등 여러 가지 행사에 그곳을 찾는다. 행사는 근정문 앞에서 거행되며 일반인에게 공개하고 있다.

경복궁은 창덕궁, 창경궁, 경희궁, 덕수궁 중에 정궁이며 그 이외 4궁은 별궁이거나 이궁에 속한다. 종로구 세종로 1번지에 있으며 궁궐 중 역사가 가장 오래된 궁궐이면서, 최근에 다시 복원된 궁궐이기도 하다.

태조(이성계) 4년 1395년 9월에 준공된 새 왕조의 정궁이었지만, 임진왜란 때 불타 273년동안 12만 7천여 평의 궁터가 빈터로 유지되어오다가 고종 4년 1867년 흥선대원군에 의해 중건되었다.

정종 원년 1399년 3월에 제1차 '왕자의 난'이 일어나 한양을 버리고 옛 서울 개경(개성)으로 되돌아가니 6년 8개월동안 비워져 호랑이가 근정전 뜰 아래까지 들어올 정도였다고 한다. 태종 5년 1405년 10월 11일 다시 한양으로 돌아와 궁궐을 보수하고 정사를 보았다.

개경에서 2차 '왕자의 난'이 일어나 2대 정종은 다섯째 동생 방원을 세제로 삼았다가 1400년 11월 3일 왕위를 물려주었다. 이방원이 개경으로 갔다가 한양으로 돌아온데는 다음과 같은 일화가 있다.

수창궁에서 3대 임금 태종으로 등극하여 아버지의 유지를 받들어 한양천도를 다시 추진하였으나 신하들의 만류가 있으므로 척천법(擲錢法)을 써서 결정하기로 하였다. 즉 동전을 던져 정하기로 하였던 것이다.

한양은 이길 일흉(2吉1凶)이고 개경(개성)과 무악천은 일길 일흉(1吉1凶)이었다.

궁을 준공할 때도 많은 이설(異說)이 있었다.

이곳으로 천도할 때에 두 사람의 공로가 있었다. 정도전과 박자초(무학대사)이다. 궁의 핵심인 근정전을 지을 때 무학대사는 앞이 동쪽을 바라보고 북악산을 좌청룡으로 관악산을 우백호로 보고 지어야한다고 주장하였다. 그러나 정도전은 자고로 궁은 남쪽을 바라보고 낙산을 좌청룡으로 보고 인왕산을 우백호로 보아야한다고 다툼이 있었다.

이성계는 정도전의 말을 듣고 현재 위치에 세우도록 했다.

무학대사는 한탄하며 왕위는 장자에 이어지지 못하고 차자나 제삼자가 왕위를 계승하며 200년 안에 큰 난리가 난다고 말하였다. 무학대사의 예언대로 27대 임금중 장자는 3, 4명에 지나지 않고 차자나 삼자가 대통을 이어받았으며 꼭 200년 만인 1592년 5월에 임진왜란이 일어났다.

궁의 수난을 보면 고종 13년 11월 대궐에 화재가 나 궁궐 일부(1830칸)가 불 탄 것을 1888년에 복구했다. 명성황후가 일본인들에 의해 시해되자 고종은 경복궁이 싫어 1896년 아관파천(러시아공관으로 피신)하여 덕수궁으로 옮겼다. 새로 지은지 27년 만에 황폐화 되었고 경술국치(1910)로 일제가 많은 누각과, 전각, 정자 등 4천 칸을 헐어 민가에 팔아버렸다. 창덕궁에 불이나자 이를 복구하기위해 궁의 여러 전각을 모두 헐어 버리려고 하였으나 국민의 여론이 좋지않자 일부만 헐어 조선총독부를 세우고 해방과 동시 중앙청으로 사용하다가 중앙박물관으로 명칭을 바꾸었다.

김영삼 정부가 일제의 잔존물이라하여 1995년 광복 50년을 기해 헐어버렸다. 그 자리에 근정문을 세우고 궁다운 제모습을 갖춘 것이다.

4개의 궁성 문이 있는데 남문에 있는 광화문이 정문이다. 원래는 목재였으나 불에 타 다시 시멘트로 복원하고 그 현판을 박정희 대통령의 친필로 썼다. 문화재관리국에서 조선조에 쓰이던 옛글자를 찾아 쓴다는 뜻에서 떼어내려 하였으나 여론이 좋지않자 그대로 두었다.

세 개의 아치형 출입문중 중앙의 큰문은 왕과 왕비가 드나드는 문이요, 좌우 2개의 작은 문중 동편의 문은 문신(文臣)이, 서편의 문은 무신(武臣)이 드나들었다. 문 양쪽 해태상은 궁과 마주보는 관악산의 형국이 화산이기 때문에 수성(水性)의 짐승인 해태를 세워 궁의 화재를 막고자 하였다고 한다.

동쪽에 건춘문, 서쪽에 영추문, 북쪽에 신무문인데 신무문은 한동안 폐쇄하였다가 개방한지 오래되지 않으며 문 천정에 백호가 그려져 있다. 백호는 호랑이 100마리를 잡아먹어야 백호가 될 수 있다하니 얼마나 힘이 센 동물이 문을 지키고 있는가?

궁에는 2개의 국보가 있다. 국보 223호인 근정전은 임금이 신하의 조하(朝賀)를 받던 곳이다. 역대 임금이 이곳에서 즉위하였고 앞에는 조하를 받는 품계석이 있어 정1품에서 정9품까지 세워져 있다.

궁궐의 이름을 지을 때 모든 일이 부지런하면 다스려지고 게을러지면 폐지되는 것이라고 하였다. 아침에 정사를 보고 낮에 의견을 물으며 저녁에는 정녕을 닦고 밤에 몸을 편안히 하며 임금이 부지런히 정사를 본다하여 근정전이라 하였다.

국보 224호인 경회루는 본래 하천을 파고 명당수의 물을 끌어들여 둥근 연못을 조성하여 그 위에 지었다. 외국 사신을 접대하고 관원의 연회장으로 쓰이기도 하였으나 그간 폐쇄하여 들어가지 못하다가 지금은 개방되었다. 그런 루가 문화재 가격으로 102억 원의 값이 된다고 한다.

경회란 임금과 신하가 덕으로서 서로 만난다는 뜻이다. 돌다리 셋 서쪽에는 섬들이 있고 36궁(宮)의 이치를 따서 지었으며, 단종이 수양에게 옥쇄를 내준 곳이기도 하다. 수많은 문화재가 파손된 것이 다시 복구되었고, 일본의 잔존물인 조선총독부가 사라졌으며, 궁을 바라보고 있는 북악산의 쇠말뚝 49개가 뽑혀졌다.

근정문이 제자리를 찾아 이제 경복궁다운 참 모습을 찾았다. 봄철에는 개나리꽃 가을에는 단풍에 둘러싸여 한 폭의 그림을 연상하게 하며 달력 속의 풍경 사진으로도 자주 쓰이는 곳, 관광객들이 줄을 잇는 명소가 되었다.

＊근정전

수원 화성의
역사

*신풍루

행궁(行宮)은 왕이 항상 머물며 국사를 주관하며 본궁과 달리 전란(戰亂), 휴양(休養), 능원(陵園) 참배 등으로 지방에 행차하여 임시로 거처하는 행재소(行在所)다.

수필반 여덟 명이 승용차 2대로 나눠 타고 행궁과 능을 답사하기 위해 2월 12일 광진예술회관을 출발하여 영동고속도로 동수원 인터체인지를 지나 11시경에 도착하였다.

화성행궁은 정조대왕이 능원 참배 목적과 순조에게 양위 후 노후를 보낼 생각으로 세웠다 하나, 기록에 보면 도읍을 수원 화성으로 옮길 계획을 하였다 한다.

오늘로써 이 곳은 세 번째 가는 곳이다. 첫 번째는 개관 축제 때다.

일제의 민족문화와 역사말살정책으로 행궁이 모두 사라졌지만, 1980년대 뜻있는 지역 시민들이 복원추진위원회를 구성하여 적극적으로 복원운동을 편 결과 1996년에 공사가 시작되어 일단계로 완료되었다.

2003년 10월 일반인에게 공개하기 위에 9~12일까지 대대적인 행사가 열려 문화사학회 회원 40여 명이 답사했다.

수필반회원 일행이 매표소에서 입장권을 사서 들어간 첫 문이 신풍루인데 개관식 때는 문 앞에서 일반인에게 무예공연을 보여주었다.

정조는 문무(文武)를 겸비한 국왕으로 무(武)예부흥기를 열었으며 아버지 장헌세자의 뜻을 이어 24반 무예를 정립하여 동양 최고의 『무예도보통지』를 펴냈다.

'신풍루'는 행궁의 정문으로 정조 14년 누문 6칸을 세우고 진남루(鎭南樓)라고 하였으나 1795년 정조가 신풍루로 개명하였다.

이 이름은 '하나의 고향'이라고 한 고사에서 유래한 것으로 정조에게는 고향과 같은 고장의 의미로 편액을 달았다. 화성행궁은 576칸의 건물이 있는데 482칸이 복원 되었다.

현재 많은 관광객들이 찾고 있으며 역사드라마의 촬영장소이기도 하다. '대장금'과 '왕의 남자'도 이곳에서 촬영하였다. 진남루에 들어서니 학예사가 안내해주겠다기에 설명을 들으면서 좌익문 주양문을 지나 봉수당에 들어섰다.

조선왕조를 상징하는 오악병풍이 펼쳐 있었고 1795년 어머니 혜경궁 홍씨 회갑연 진찬예를 거행한 곳이기도 하다.

정전건물이면서 화성 유수부의 동헌건물로 장남헌(壯南軒)이라고도 한다. 장수를 기원하며 만년(萬年)의 수(壽)를 받든다는 뜻에서 받들봉(奉) 목숨수(壽)를 넣어 '봉수당'이라고 하여 판서 조윤형에게 현판을 쓰게 했다.

정조는 누구보다도 효심이 지극하여 1804년 수연(壽宴) 진찬을 봉수당에서 거행하겠다면서 사용할 물건을 잘 보관하도록 지시하였으나 잔치(회갑연)를 보지 못하고 1800년 49세로 운명하였다.

수필반 일행이 이곳에서 사진 촬영을 한 다음 찾은 곳이 노래당과 낙남헌인데 안내자의 설명이 낙남헌은 후한의 광무제가 낙양으로 도읍을 옮기고 궁궐 이름을 남궁(南宮)이라고 한데서 따온 것이라 한다.

회갑기념으로 군사들의 회식을 이곳에서 하였으며, 과거시험을 치루어 문과, 무과 61명을 선발하였으며 양로연을 시행했던 곳이기도 하다.

유여택 벽에는 규장각에 보관되어 있는 정조의 능행도, 수원행궁, 군사조련, 주교(배다리), 홍씨의 회갑연, 궁내 향연례 등 그 모습이 벽화로 나타나 있었다.

행궁을 한 바퀴 돌고나니 시간이 많이 흘렀다. 일정이 빡빡하다 보니 내부를 자세히 볼 수 없어 대충 보고 나왔다. 점심 때가 되었다.

수원에서는 수원갈비가 유명하다하여 좋은 식당에서 맛있게 먹고 싶었다. 전날 인터넷에서 찾아보고 전화도 해봤다. 자신 있게 찾을 수 있을 것 같았다. 안내자에게 수원갈비가 어디냐고 물었더니 복잡하게 알려 주었고 가까운 곳을 물었더니 주차가 문제되기에 시간도 절약할 겸 시내를 벗어났다. 가다가 보면 수원갈비가 나올 텐데 찾기가 수월치 않았다.

길을 헤매다보니 점심시간이 훌쩍 지났다. 늦게서야 찾은 음식점이 돼지갈비집이었다. 주위는 지저분하고 어두컴컴하여 마음에 썩 내키지 않으나 갈 곳도 없어서 한 끼를 그냥 때웠다. 가이드를 자청한 나로서

＊화성행궁 전경

는 쓸쓸하기도 하고 출발할 때 기분과는 영 달라 하루가 망가지는 기분이었다.

용주사를 찾았을 때는 후회가 많았다.

차라리 능과 절을 포기하고 성곽을 답사 할 것을 … 수필반 일행에게 죄송한 생각이 들었다. 행궁과 성곽은 가 보았기에 용주사와 융 건능은 이 기회에 꼭 가보고 싶었다.

울창한 원시림 속에 위치한 절은 신라 문성왕 때 창건되었는데 처음에는 '갈양사' 라는 절로 병자호란 때 소실되었다. 정조가 사도세자의 명복을 빌기 위해 다시 세웠으며 용이 여의주를 물고 하늘로 오르는 꿈을 꾸었다 하여 용주사(龍珠寺)라 이름지었다 한다.

아버지를 위해 비각을 세우고 능행 때마다 찾아 명복을 빌었다 한다.

국보 120호 범종이 있고 정조가 기념식수한 회양목 천연기념물10호 등, 국가 지정문화재가 있다.

융 건능을 찾았으나 월요일 휴무라 들어가지도 못하고 되돌아 왔다.

융능은 사적 206호로 지정된 문화유적지로 장조와 헌경왕후가 묻혀 있는 능으로 합장능이다. 부왕을 대신하여 청정(廳政)에 임하였고 나경언의 비행10조로 뒤주 속에 가두어 8일 만에 죽으니 28살이었다.

아버지의 죽음을 지켜본 정조는 효심이 지극해 영조인 할아버지에게 살려달라고 애원하였으나 끝내 들어주지 않았다.

양주 중량포 배봉산에 장사를 지냈다. 정조는 아버지가 묻힌 산을 바라보고 매일 절을 했다하여 절배(拜) 봉우리봉(峰) 배봉산이라 한다는 유래가 있다.

현재 전농동 로타리에서 장안동으로 넘어가다보면 왼쪽에 나지막한 산이 배봉산이다. 일요일마다 등산을 하면서 사도세자를 생각해 본다.

묘를 옮긴 자리에 표석이라도 세워놔야 되겠다는 생각이 들었다.

아버지가 아들을 죽이고 후회하여 슬프게 생각한다 하여 사도(思悼)라고 명명하였고 사도세자라 불리게 되었다. 마장동 용답초등학교에서 시립대학교까지 가는 길을 배봉로라 한다.

혜경궁홍씨는 홍봉한의 딸로 남편이 장조로 추존됨에 따라 헌경왕후라는 왕비의 칭호를 받았다.

아버지와 숙부가 세자의 살해를 지지하는 입장이었기에 남편의 참사를 괴롭게 지켜봐야 했고 자신의 한많은 인생을 자서전으로 쓰기에 『한중록』이라는 사소설이 나왔다. 건능은 정조와 부인 효의왕후 능으로 융능과 같이 합장능이다. 아버지 어머니 능인 융능, 본인의 능과 같이 통털어 융건능이라 한다.

일정이 급하다보니 꼭 보아야할 곳을 못 보고 온 것이다. 일행에 좀 미안한 생각이 든다. 가볼 곳을 제대로 못 보았으니 아쉽다.

행궁 뒤에 정조대왕 동상과 화녕전(華寧殿)을 들려야하는데 들리지 못했다. 화녕전은 아들 순조가 아버지 효심과 유덕을 기리기 위해 지은 사당으로 정조의 진영을 봉안하고 제향을 올리는 곳이다. 또한 화성행궁의 세계문화유산 등록을 고하는 고유제를 올린 곳이기도 하다.

사적115호로 지정되어 관리하고 있다. 정전의 '운한각' 미관 편액은 순조의 친필로 되어있으나 지금은 없어지고 박정희 대통령의 친필 편액이 걸려 있다. 다음 기회가 되면 화성성곽을 다시 가보고 싶다.

성곽은 정조 18년에 착공하여 2년 9개월 정조 20년에 완공했다. 축성시에 있어서 역대의 걸작이다. 성의 시설물이 41개 소이며 미복원 시설이 7개나 된다. 가장 근대적 규모와 기능을 가지고 우리나라 성곽 중에 구조와 배치가 가장 과학적이면서도 우아하고 장엄한 면모까지 갖추고 있다 한다.

1997년 12월 4일 유네스코 세계유산위원회에 제21차 총회에서 세계문화유산으로 등록되었다. 한번 기회가 되면 제대로 답사하고 화성 성곽과 행궁의 역사적 의의를 다시 한번 인식케 하고 싶다.

파루와 인정을 알리는
보신각(普信閣)

*보신각 종

보신각의 종소리는 파루(罷漏)와 인정(人定)을 의미한다.

한 해가 마무리 되고 새 해가 밝아 올 때 자정을 기해 보신각의 종소리가 울려퍼진다.

조선왕조 건국이념이 성리학의 근본 핵심인 인(仁), 의(義), 예(禮), 지(知)의 사단(四端)에 신(信)자를 더하여 오덕(五德)을 통치 철학으로 삼았다.

서울이 조선왕조 도읍지로 정해지면서 태조 3년 1394년 경복궁을 착공 사대문을 냈다. 동쪽에 인(仁)자를 따서 흥인문(興仁門), 서쪽에 의(義)자를 따서 돈의문(敦義門), 남쪽에 예(禮)자를 따서 숭례문(崇禮門), 북쪽에 지(知)자를 따서 홍지문(弘知門), 등 사대문(四大門)을 내고 도성 한가운데 종로 네거리에 신(信)자를 따서 보신각이라 하였다. 이곳에 종을 달아 울리는 때에 맞추어 사대문과 사소문(소의문, 창의문, 홍화문, 혜화문) 그리고 광희문(시구문)을 열고 닫았다.

종잡이 마음대로 칠 수 없는, 유일한 보신각 종이 몇 번 울리느냐 하는 것은 엄격한 규정에 있었다.

인시(寅時) 새벽 4시 경에 사대문을 여는 종은 33번을 쳤다. 이렇게 아침에 치는 것을 파루(罷漏)라 한다.

새 해 제야(除夜)에 33번을 치는 것은 무슨의미일까? 대부분의 사람들은 종을 33번 치는 것은 알지만 그 종을 치는 의미를 아는 사람은 그리 많지 않다. 대부분의 사람이 기미년(1919) 3·1 민족 대표 33인을 상징해서 친다고 대답한다. 그러나 기미년 이전 조선왕조부터 이 종은 울렸다.

33이라는 수는 3, 3천(天)에서 나왔다. 이것은 불교의 우주관을 반영한 것이다. 옛날에는 동서남북 사방(四方)에 각 8계 층의 하늘이 있고 그 가운데 모두를 지휘하는 하늘 즉 하느님이 있다고 보았다. 이 모두를 합치면 33개의 하늘이 된다. 곧 우주전체를 상징한 것이다.

종소리가 울릴 때의 의미를 생각해 보면 신생국가인 조선은 무력 아닌 인, 의, 예, 지로서 백성을 다스리고 교화(敎化)하여 우주 전체에 맹세하였다. 이런 통치자의 의지가 종이 울릴 때마다 상징적으로 표현된 것이라 한다. 한편 아침의 나라, 천손민족이라는 뜻을 세계 만방에 알림으로서 후손들로 하여금 긍지를 갖도록 함이요, 아침 해가 솟는 무한한 가능성을 갖는 밝은 나라임을 상징한다고 한다.

3이라는 숫자는 우리에게 많은 뜻과 이해를 주고 있다.

덕으로는 인(仁)이요, 방향은 동(東), 하루는 아침(朝), 사계절로 보면 봄(春)을 나타낸다. 태양이 떠오르는 무한한 가능성을 갖고 미래를 건설하는 뜻이기도 하다.

단군왕검이 조선이라는 국호를 갖고 2000년을 지배해 온 것은 동방의 나라이기 때문이다.

33의 파루는 조선왕조의 건국이념을 모든 백성에게 알리는 타종과 5

＊보신각

덕의 깊은 뜻으로 500년을 지탱해 왔다. 누천년을 이어온 뿌리 있는 문화민족의 역사를 이어간 것이라고 본다.

오후 10시(유시)에서 새벽 4시까지 통행이 금지된다. 서울 도성은 국왕이 거주하는 국가의 심장부였으므로 수도의 질서 유지와 치안 확보는 매우 중요하였다.

오늘의 경찰서 파출소, 방범 초소가 있듯이 한성부에도 포도청 경수소 이문동이 있었다. 조선 초에는 의금부, 단종 때는 군대, 중종 때는 포도청이 설치되어 한성부의 치안을 담당하였다.

당시는 시계가 보급되지 않아 통행금지 직전의 순찰 및 숙직 교대 시각을 궁중의 보루각에서 거의 한 시간마다 북과 징을 울려 5경까지 알렸다.

통행금지가 있으면 위반자가 있기 마련이다. 옛날에 어머니들은 자식들이 잘못하거나 나쁜 짓을 할 때 '경을 칠 놈' 이라는 말을 했다. 통금 시간에 걸려 벌을 받고 나왔을 때 하는 말이다.

통금 위반자의 처벌은 매우 엄격하였으므로 위반 시각에 따라 달랐다.

통금을 어긴 사람은 가까운 경수소에서 하룻밤을 잡혀 있다가 다음날 본영으로 끌려 가서 즉결처분으로 곤장을 맞는다. 초경에 범한 사람은 10대, 이경은 20대, 삼경은 30대, 사경은 25대, 이렇게 곤장으로 맨살볼기를 맞는다. 다만 부녀자는 옷을 벗지 않고 옷 위로 때리는 규율이있다.

종루에서 유시에 28번을 치면 성문이 닫히는데 이것을 인정(人定)이라 한다. 인정과 28수는 어떤 관계가 있을까? 28수는 모두 천지(天地)가 1순환을 마치면 하루가 끝난다고 본다. 이 숫자는 별자리를 따서 나온 숫자이다.

이십 팔숙(28宿)은 천궁에 둥그렇게 우회하여 동서남북 사방으로 칠숙(七宿)식 배열한다. 동방칠숙은 봄에 뜨는 별자리, 북방칠숙은 겨울, 서방칠숙은 가을, 남방칠숙은 여름에 뜨기에 이 천기의 운행으로 사시 사철 전후가 생성하며 한 해가 이루어진다. 계절에 따라 초목이 성하고 쇠하듯 땅위의 인간만사가 별자리 영향을 받지 않는게 없다고 한다.

이렇게 파루는 하느님을 상징하고 천손 민족을 의미하며 타종으로서 백성은 교민화속(敎民化俗) 하였다.

인정은 하늘의 별자리를 근거하여 28번의 타종으로 도성 문이 굳게 닫혀 고요한 천지로 변한다. 이처럼 먼동이 트고 땅거미가 지는 시각을 알렸다.

도성 문의 열고 닫는 의식도 백성의 활동과 휴식, 생활규범의 한도를 엄하게 다스리도록 위한 제도였다.

새 나라를 이룩한 공적을 깊이 새겨 후세에 물려주기 위함이며 백성들로 하여금 힘껏 일하고 편안하게 쉴 수 있으며 규율 있게 인도하고자 하는데 그 목적이 있다고 한다.

국보1호

숭례문(崇禮門)

*숭례문 현판

국보1호 숭례문이 2008년 2월 10일 8시 50분경 불에 탔다. TV를 켜는 순간 뉴스에서 남대문에 불이 났다고 나온다. 화면에는 2층 누각에 연기가 좀 나기 시작해 바로 껐겠지 생각했는데 3시간이 넘게 진화되지 않고 계속 번져 2층 전체와 지붕 위까지 태웠다.

소방당국의 어설픈 대응으로 불길을 잡지 못하고 피해를 입었다.

화재 당시에 숭례문 내부에는 화재를 대비한 스프링클러 등 진화장비도 전혀 없었다고 한다.

화재 직후 소방차 39대와 소방관 88명이 출동해 고가사다리와 소방호수 등을 이용해 진화를 했으나 소방당국은 10시 30분쯤 화재가 진압된 것으로 판단하고 잔불 진화작업에 나섰다고 했다. 그러나 소방당국의 판단과는 달리 10시 40분쯤 2층 현판 안쪽에서 불길이 다시 치솟아 잡지 못하고 11시 쯤 2층 지붕 위로 옮겨붙어 전소됐다.

5시간 만에 잿더미로 변해 주저앉은 숭례문 화재는 우리 방재시스템에 얼마나 큰 구멍이 뚫려 있는지를 여실히 보여주었다.

임진왜란과 병자호란, 6·25전쟁을 견디며 600여 년간 웅장한 자태로 뽐내던 국보가 불에 타면서 우리 국민의 자존심도 함께 새까맣게 타버렸다.

숭례문 화재가 이처럼 커진 것은 문화재에 대한 화재대비의 기본적인 수칙조차 마련되어 있지 않았다. 스프링클러, 화재경보장치와 같은 안전장비가 갖추어져 있지 않은 점도 한 원인이 된다. 유일한 소방장비는 누각 이층에 4개씩 놓여있던 소화기 8대가 전부였다.

화재감지기 하나 없이 단지 소화기 8대로 국보1호를 지켜낼 것이라는 정부태도에, 우리 국민은 더욱 화가 났다.

일본의 경우 대웅전등 4개의 건물이 중요 문화재로 지정된 와카야마현 고카와지라는 사찰엔 건물 내 외부에 연기, 불꽃, 온도감지기 등 무려 215개의 감지기가 설치되어 있다 한다. 화재가 발생하면 곧바로 이를 감지, 경보시스템이 연결된 컴퓨터에서 즉각 화재장소를 화면으로 보여준다. 동시에 사찰 곳곳에 설치된 음향장치와 연결된 음성으로 방송이 나오고 건물 정면, 후면과 측면에 배치된 6개의 방사총이(물대포) 자동으로 물을 쏜다.

숭례문을 지키는 사람도 없으며 경비시스템에 의존하여 화재 진화훈련도 제대로 해본 적이 없이 초동진화를 못해 큰불로 키웠으니 정말 한심스럽다.

숭례문은 현재 서울에 남아있는 목조 건물 중 가장 오래되었다.

조선왕조가 수립된 직후 1395년 태조 4년에 한성 남쪽의 목멱산(남산)의 성곽과 만나는 곳에 짓기 시작해 1398년 태조 7년에 완성을 보았으며 500여 년 동안 몇 차례 보수를 거쳤다. 현재 남아있는 건물 중 1447년 세종29년에 고쳐 지은 문화재로 화강석을 쌓아 만든 석축가운데 아치모양의 홍예문(虹霓門)을 두고 그 위에 앞면 5칸, 옆면 2칸 크기로 지은 누각형 2층 건물이다.

1962년 12월 국보 제1호로 지정된 이후 국내의 대표적인 문화재로 자리 잡았다. 도성의 성안팎을 드나드는 4개의 대문과 소문 중 남쪽을 향한 정문이기에 남대문이라 불렀고 정식 이름은 숭례문이다. 오상, 오덕, 오행을 따 인(仁) 의(義) 예(禮) 지(知) 신(信) 중에 남대문은 남방을 뜻하는 예를 붙여 숭상한다는 뜻에서 숭례문이다.

현판은 세종임금의 형인 양령대군의 친필이다. 예는 불을 의미하기에 관악산이 불산이라 불은 불로 막는다하여 세로로 썼다.

문화재청은 화재로 붕괴된 숭례문 국보1호의 지위가 계속 유지된다고 발표했다. 지정할 당시 목조건축만을 염두에 둔 것이 아니라 역사적 의미 등 복합적 요소를 감안해서 결정했다. 목조건물이 부분적 훼손됐다고 역사적 가치가 훼손된 것이 아니라며 복구 과정에서 재론되겠지만 국보1호의 지위를 잃을 가능성은 높지 않다고 한다. 그러나 전문가들은 한 번 불탄 숭례문이 어떻게 옛 모습을 되찾을 수 있느냐며 회의적 반응을 나타냈다.

화재 현장에는 많은 위문 조객들이 다녀갔다. 경기 초등학생 6학년 9명이 하얀 국화꽃을 한 송이씩 들고 가림막 앞에 서서 "정말 속상해요, 어떻게 몇 시간 만에 이렇게 될 수가 있어요, 외국사람도 많이 오는데 너무 창피하고 속상해요" 하며 눈물을 주르르 흘렸다.

하루만 2500명이 숭례문 현장을 찾았으며 주말은 4만여 명의 추모객들이 몰려들었다. 내가 숭례문을 찾을 때는 한국종합예술학교 김덕수 교수

*숭례문 화재 후 모습

허공에 맴도는 조선인의 그림자

등 사물놀이패가 숭례문의 혼을 위로하는 진혼 비나리를 연주하고 진도
씻김굿을 펼쳤다. 상복을 입고 삼베 두건을 쓴 이들의 공연에 시민들도
연방 눈물을 훔쳤다.

숭례문 주변을 감싸고 있는 잔디밭에는 숭례문 죽음에 쇄도하는 추모
의 물결이 일고 바닥에는 흰 종이가 깔려있으며 시민들이 꽂아놓는 향
이 피어 올랐다.

흰 국화 20여 다발 속에는 천진난만한 어린이들이 써놓는 추도문이
많아서 찾는 이들의 마음을 더 슬프게 했다.

낙산사에서 3월 29일 불탄 숭례문에 대한 49제가 열렸다. 49제는 불
교식 제사의례로 사람이 아닌 국보에 대한 49제는 처음이며 숭례문 사
진이 영정으로 사용되었다.

문화재청은 긴급회의를 열어 구체적인 내용을 내놓지 못하고 2, 3년
안에 200억을 들여 복원한다고 한다. 남아있는 부재(部材)를 최대한 사
용해 원형대로 복원하고 이를 위해 문화재위원과 소방관계 전문가등으
로 구성해 '복원자문위원회'를 만든다고 하나 성급한 복원작업을 우려
하는 학계의 목소리도 높다.

한국사연구회, 역사학
회, 한국고대사학회 등
전국의 16개 한국사 관
련 학회는 성명을 내고
숭례문을 졸속으로 복원
해서는 안 된다고 한다.
다시 짓는데만 급급하지
말고 충분한 시간을 가
지고 철저한 계획을 세
워야한다는 의견들이다.
문화재청 건축문화재

*1904년 숭례문의 모습

과장은 목부재의 30% 정도가 재사용 가능하다고 한다. 강원도 삼척 태백 쪽 준경묘에 숭례문 복원에 필요한 우수한 금강소나무 특 대목만 1,000그루에 이른다하니 다행한 일이다.

세계문화재 복원전문가 일본 문화재 연구실장 구보데라 시게주는 기둥이 살아있고 1층 부재도 상당량 살아있어 국보 유지가 가능하다고 한다. 국제문화재 보존연구센터 전 총장 스텐리 프라이스도 한국은 전통적으로 목조문화재 보수 복원기술이 뛰어나 충분히 잘 복원될 것이라고 한다. 똑같은 자재와 기술로 복원된다면 굳이 문화재적 가치를 인정 안 할 이유가 없다고 한다. 참 다행한 일이다.

나는 국보란 어떤 자재와 기술이 쓰였나 못지 않게 어떤 역사적인 의미가 있나가 더 중요하다고 생각한다.

탑골 공원

*삼일문

탑골공원은 역사적 사연과 민족의 혼이 숨겨져 있는 유서 깊은 공원이다.

종로구 종로2가 38번지에 있는 이곳은 1970년 말까지만 해도 청계천 입구에서 낙원동 쪽으로 들어가는 4차선 도로 옆, 2층 높이의 '파고다 아케이트' 상가가 길게 늘어서 있었다.

나는 1968년 사표를 내고 '파고다 아케이트' 에 처음으로 피아노 대리점을 차렸기에 깊은 관심을 갖고 있다.

서울특별시에서 공원의 정비사업으로 1984년 헐어 아름다운 공원으로 조성해 수많은 관광객과 유적을 찾는 사람들을 맞이하고 있다.

약 3000평의 넓은 공원 입구에 삼일문(三一門)의 간판이 걸려있고 그 옆에는 매표소가 있는데 공원을 찾는 이들에게 언제나 국기홍보중앙회에서 국기 홍보책자와 독립선언서 내용문을 무상으로 주고 있다.

3·1운동의 진원지로 역사가 살아있는 파고다공원이 외래어라하여 사적지로 고시 지정되면서 1992년 5월 28일 탑골공원으로 개칭되었다.

불탑(佛塔)을 뜻하는 '파고다' 라는 말은 그 자체가 그릇된 말이다.

17세기 서양 사람들이 스리랑카에 왔을 때 유명한 100미터 높이의 '루왕아리사야' 대 탑을 보고 현지말로 흉내내어 파고다란 말을 처음 쓰게 되었다 한다. 스리랑카 말로 불탑은 '파고다' 가 아니라 '다고바' 다. '다고바' 를 잘 못 듣고 '바고다' '파고다' 로 된 것이라 한다.

한말에 총세무사(總稅務司)로 조정에 고용된 영국인 브라운이 폐허가 된 원각사에 공원을 조성하고 그 터에 남아있던 유물인 13층탑에서 암시를 받아 파고다공원이라 이름을 지었다.

세조는 계유정난으로 사람을 많이 죽였기 때문인지 조선왕조 역대 임금 가운데 불심이 돈독한 임금이었다. 세조가 금강산에 들어가 단발령을 넘을 때 "머리 깎고 중이 되고 싶다"라고 말했을 정도다.

파고다공원 자리에 원각사(圓覺寺)를 짓고 고려시대 때 흥불(興佛)행사인 전경법(轉經法)을 부활시켜 불교 부흥에 힘을 썼다. 작은 황금부처를 모신 소연(小輦)을 앞세우고 그 뒤에 예악대(禮樂隊), 성안팎 스님, 남녀노소 수만 명의 신도들이 합장 독경하며 뒤따랐다 한다.

성안을 누비고 다니므로 성안은 축제분위기로 들뜨고 마지막에 원각사로 들어가 13층탑의 탑돌이로 이어져 밤새 계속 된다. 탑을 돌음으로 살아있는 사람의 생복을 빌고 돌아가신 사람의 명복을 빈다하여 일명 복회(福會)라고도 한다.

탑을 돌면서 사녀(士女)끼리 눈이 맞아 사랑을 이루곤 했던 곳이다. 원각사 탑돌이에 숨 막히는 내외법에서 해방되는 유일한 기회이기도 하여 많은 사녀들이 밤새워 탑을 돌면서 적지 않는 스캔들이 발생했다 한다. 이런 추문 때문에 조정에서 원각사 탑돌이, 복회를 자주 못하게 하였다 한다.

원각사 13층 탑의 상층부 3층이 해방되던 1945년에 땅에 굴러 떨어져 있었던 것을 미군 공군병대가 기중기로 원상 복귀시켜 오늘에 이르러 이 인근을 탑골, 탑동이라 부르게 된 것이다.

지금은 원각사지 십층 석탑이 국보 제2호로 지정되어 탑 높이가 12미터로 3층 기단 위에 10층 탑신을 건립하고 각 층에 '불회도상' '인왕상' '불좌상'과 화초 동물등 모양을 양각하였다. 탑 아래는 부처님의 사리와 원각경을 봉안하고 있으며, 오랜 세월 마모 등을 고려하여 탑 주위에 4각의 유리벽을 세워 사람들의 접근을 막고 있다.

이 탑에는 다음과 같은 전설이 유래하고 있다. 원래 이 자리에는 고려 때부터 내려오던 흥복사(興福寺)가 있었는데 고려 충순왕(忠順王))에게는 금동(金童)공주의 미모가 아주 뛰어났다고 한다. 당시 원나라 사신으로 고려에 왔던 사람들이 귀국하여 공주의 미모를 황태자에 말하자 그 말을 들은 태자가 늘 공주를 사모하던 중 훗날 순제(順帝)가 된 태자는 고려에 국혼(國婚)을 청하여 금동공주를 태자비로 맞이하였다. 그러나 순제비가 된 공주는 고국의 부모를 그리워하다가 이름 있는 석공으로 하여금 2개의 석탑을 만들어 고려로 보내니 충순왕이 크게 기뻐하여 하나는 개경 서쪽 경천사(敬天寺)에 또 하나는 원각사(흥복사)에 두게 하였다 한다.

탑 옆에는 대원각사비가 보물 제3호로 지정되어 세조 11년에 흥복사에 중건한 사찰로서 이 석비는 원각사의 중간내력을 기록한 것인데 높이가 3.94, 폭이 1.3 귀부길이가 3.5미터다. 1471년에 만들어져 둔중한 몸체로 일반적인 육각형의 거북이 무늬대신 사

*원각사지 십층석탑

129

다리꼴 평행의 가는 선을 새겼으며 연잎 모양의 비좌와 물고기비늘을 조각한 꼬리나 다리가 특이하다. 비문의 앞면에는 김수온이 글을 짓고 성임이 글씨를 썼으며 뒷면에는 서거정과 정난종이 지었는데 그 내용이 『속동문선』에 실려 전하고 있다.

탑골공원은 동서남북 4개의 문이 있는데 남쪽 문은 삼일정신을 따서 삼일문이라 붙였다. 1919년 3월 1일 독립선언서를 낭독하고 독립만세를 외친 3·1운동의 발상지다. 우리 민족의 독립정신이 살아 숨 쉬는 역사의 산 교육장으로 독립운동의 성지라는 역사적 의의를 나타낸 곳이기도 하다.

삼일문을 들어서면 오른쪽으로 3·1 독립기념탑이 있는데 '대한독립선언'을 기념하기 위해 1980년 4월 15일 건립하였다. 독립선언서는 전문 1762자로 구성되어 있으며 조국의 독립을 선언하고 인도주의에 입각한 비폭력적이고 평화적인 방법으로 민족자결에 의한 자주독립의 전개방법을 담고 있다. 오늘날 전해오는 세계 각국의 독립선언과 비교하여 조금도 손색이 없는 명문으로 평가되고 있다.

독립선언탑은 세 가지 형태로 조각했는데 맨 오른쪽에는 세로로 독립선언서를 조각했고 한 가운데는 가로로 좌측은 영문으로 구성되어 있으며 맨 밑에는 민족대표 33인의 이름이 기록되어 있다.

동문 옆에 3·1정신 찬양비가 세워져 있는데 1967년 12월에 3·1정신을 찬양하고 후세 청년 학생들에게 그 정신을 길이 간직하도록 기원하는 내용을 박종화 선생이 글을 짓고 김충헌 선생이 글씨를 썼다. 그 옆에는 3·1운동의 기념부조가 11개나 세워져 일제 때 치열한 항쟁과 또 각처에서 일어났던 만세 운동의 모습을 동판에 조각하여 보는 이들의 심금을 울리게 하고 있다.

서울시 유형문화재 73호로 지정된 팔각정은 공원 한 가운데 있으며 8각의 정자로 우리민족의 상징인 부흥, 전진, 잘산다는 뜻을 내포한 뜻으로 1897년 국명을 대한제국으로 바꾸면서 황실의 음악연주소로 사용되다가 1919년 3월 1일 오후 2시 독립선언서를 낭독하고 만세운동이 시작된 곳이다.

팔각정 옆에는 3 · 1운동 당시 역사적 인물 두 분인 손병희 동상과 한용운의 선사비가 있다. 손병희 선생 동상은 기념사업회에서 선생의 뜻을 기리기 위해 1966년 5월 19일 세웠다.

손병희는 철종 12년에 태어나 1922년에 타계한 천도교 지도자이자 독립운동가이며 교육사업가다. 이분은 동학혁명 때 동학교 제3교주(제1교주 최재우, 제2교주 최시형)로 교명을 천도교로 바꿨다. 민족대표 33명중 16명이 천도교인들이다.

호는 의암(義菴)이며 충북 청원군 출생으로 3 · 1민족대표로 조선 독립을 선언하였다.

동문 옆에 조금 떨어져 한용운의 선사비가 있는데 그는 1879년 고종 16년에 출생하여 1944년에 타계한 승려, 독립운동가, 시인이다.

법명은 용운(龍雲) 법호는 만해(萬海)로 충남 홍성 출신이다.

민족대표 33인의 한 사람으로 독립선언서 공약 3장을 지었으며 3 · 1운동 당시 직접 낭독하였다.

탑골공원 안에는 회향목 등 많은 종류의 나무가 공원을 에워싸고 있으며 봄, 여름에는 각종 꽃이 공원 분위기를 살리고 있다.

역사의 현장인 이 공원은 파고다에서 탑골로 바뀌면서 서울특별시에 최초의 근대공원으로 탄생하였다.

*팔각정

제 6 부

선인(先人)들의 혼이 깃든 명산(名山)

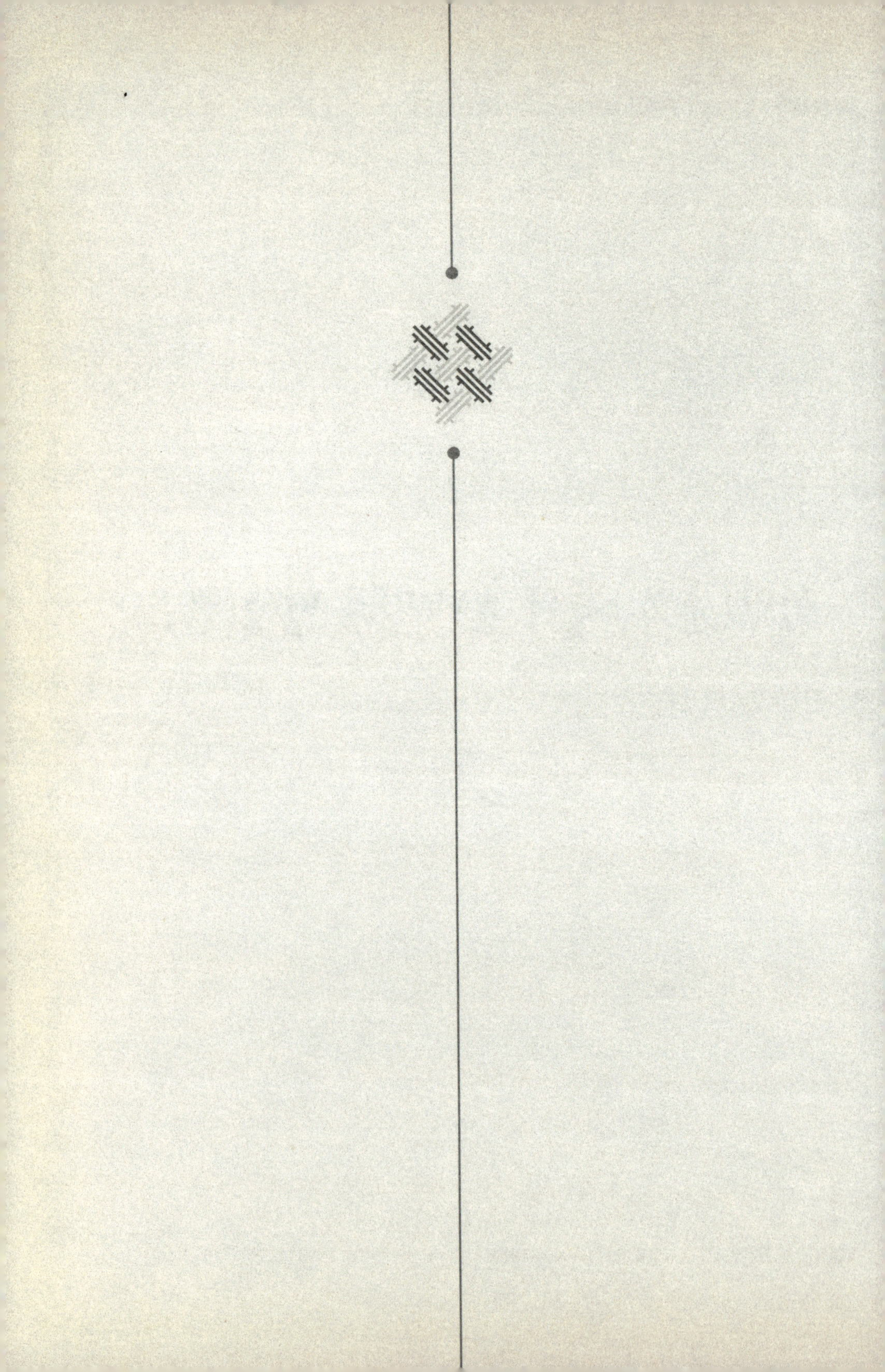

인왕산(仁王山)

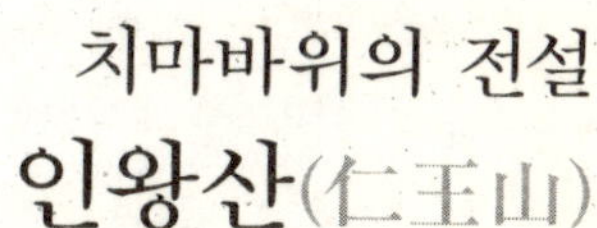

*선바위

인왕산은 종로구 누산동 옥인동과 서대문구 홍제동 경계에 있는 높이 338미터의, 산 전체가 화강암으로 되어있다.

나는 이곳을 문화사학회 회원들과 답사도 하였고 가끔 등산을 하기도 한다. 어느 산보다 깊은 관심을 갖고 있기에 인왕산의 유적을 찾아보고 이 산에 얽힌 전설을 조사해 보았다.

조선 초기 도성을 세울 때 북악을 주산(主山), 남산을 안산(安山), 낙산과 인왕산을 좌청룡 우백호(左靑龍右白虎)로 삼아 궁궐을 조성했던 산이다. 서울 북서쪽 성곽은 인왕산 능선을 따라 지나며 동쪽 산허리에 북악산과 연결되는 인왕산 길이 있다. 곳곳에 약수터가 있고 경치가 아름다워 서울 시민들의 유원지와 휴식처로 알려져 있다.

인왕산의 명칭이 정식으로 등장한 것은 광해군 때다. 인왕사에 사찰이 있어 그 이름을 따서 인왕산 명칭이 유래되었다고 한다.

이 산은 1968년 1월 21일 김신조 일당의 무장공비가 서울에 침입한 후 서울의 여러 산과 함께 입산 통제되었다.

그 후 15년이 지난 1993년 2월 25일 김영삼 정부가 들어서면서 전면 개방되어 서울 시민들이 기이한 암석과 빼어난 산새로 이름난 인왕산을 등산할 수 있게 되었다. 인왕산은 서울 내사산(內四山)의 하나로 서봉(西峰), 서산(西山), 필운산(弼雲山)이라고 하는데 서봉, 서산은 조선 초기에 도읍지의 서쪽 산을 뜻하며 필운산은 중국 사신이 지은 것으로 그 이름을 딴 필운대가 있다.

인조 '이괄의 난' 때 이 산 밑 무악재에서 장만, 장충신의 관군과 이괄의 반란군 사이에 치열한 격전이 벌어져 성민들이 싸움 구경으로 이 산을 덮었다고 한다.

예부터 한양에서 삼청 다음으로 인왕산을 꼽을 만큼 명승지에 선바위, 치마바위 등의 전설과 국사당의 유적이 있는 곳이기도 하다.

인왕산 서쪽 기슭에 선바위가 있는데 민족자료 4호로 지정되어 있다. 두개의 거석(巨石)형상이 마치 중이 장삼을 입고 서있는 것 같아서 선(禪)자를 따서 선바위(禪巖)라고 불렀다. 선바위 전설을 보면 처음 도성을 쌓을 때 무학대사는 바위가 성 안으로 들어가야 한다고 주장했고 정도전은 이 바위가 성 밖으로 나가야 한다고 태조에게 고했다.

"이 바위가 성안으로 들어가면 불교가 왕성하고 성 밖으로 내놓으면 유교가 왕성 하다"고 하였다. 태조가 이 말을 듣고 바위를 성 밖으로 쌓게 하니 무학대사가 "앞으로 중이 선비의 책 보따리나 짊어지고 시중들을 신세가 되겠다"고 한탄했다 한다.

이 바위를 이성계와 무학대사의 상이라는 설, 또는 이성계 부부의 상이라는 설도 있다. 인간이 죽어서 석불(石佛)이 되었다는 인간 화신의 설화가 있으며 이곳에서 빌면 소원 성취할 수 있다하여 일찍부터 신앙의 대상이 되었다. 특히 자식이 없는 사람이 이 바위에서 빌면 효험이 크다하여 정성을 드리는데 많은 무속신앙 객들이 줄을 잇고 있다 한다. 효자동 쪽에서 인왕산을 바라보면 정상 바로 아래쪽 옥인동 지역에 높이 80미터가량의 주름진 바위가 가파르게 서 있는 것이 치마바위다.

이 바위는 인왕산 입산문제 이전만 해도 등산객들의 암벽코스로 각광받던 곳이다. 중종반정으로 성희안과 박원종은 진성대군을 왕으로 추대하였다. 진성대군과 부인 신씨는 부부금슬이 좋았다. 그러나 반정공신들은 신씨의 부친 신수근을 죄인으로 사사하여 왕비로 모실 수가 없다며 사가로 보내니 신씨는 그날로 인왕산 기슭의 친정집으로 쫓겨났다.

중종은 궁중에 있으면서 부인 신씨와의 10여 년 간의 정분을 잊지 못해 늘 경복궁 경회루에 올라 신씨가 있는 인왕산 기슭을 바라보곤 하였다 한다. 부인 신씨도 중종과 생이별 한 후 눈물로 나날을 보내던 어느 날 상감께서 부인 신씨를 잊지 못해 경회루 올라 인왕산을 바라본다는 소문을 듣고 신씨는 아침 일찍 인왕산에 올라 자기가 자주 입던 치마를 경회루에 잘 보이도록 널어놓았다 저녁이면 거둬들였다. 이 사실이 세상에 알려지자 사람들은 치마 널어놓은 바위를 '치마바위' 라고 부르게 되었다는 말이 구전되어 온다.

서울을 수호하는 신당(新黨) 국사당은 중요민속자료 제28호로 현재 서대문구 현저동 인왕산 기슭 선바위 밑에 위치하고 있다. 독립문 전철역에서 1번 출구로 나와 선바위를 바라보고 100미터 올라가면 인왕산 중턱에 있다.

조선왕조실록에 의하면 남산을 목멱대왕(木覓大王)으로 봉하고 태조 5년 12월 호국의 신으로 삼아 국가의 공식행사로 기우제(祈雨祭)와 기청제(祈請制)를 지냈다. 1925년 남산에서 이곳으로 옮겨졌는데 일본인들이 남산 기슭에 신도의 신사인 조선신궁(朝鮮神宮)을 세우면서 이보다 더 높은 곳에 국사당이 있는 것을 못 마땅히 여겨 이전을 강요하였기 때문이라고 한다. 인왕산으로 택한 것도 태조와 무학대사가 기도하던 자리이고 국사당이라는 명칭도 무학대사를 모시는데서 비롯됐다 한

*치마바위

다. 국사당은 굿만 하는 곳이 아니라 단골 신도들이 개인적으로 또는 집단적으로 찾아와 참배하고 기도를 드리는 곳이기도 하다. 참배객들이 서울뿐만 아니라 다른 지역에서도 연중 끊이지 않고 찾아오는데 정월에 가장 많고 2~3월, 9월 순이다. 국사당에서 굿은 세 종류로 나눈다고 한다. 첫째는 상업에 종사하는 사람들이 사업의 번창을 비는 경사 굿이고, 둘째는 병(病) 굿 또는 우환(憂患) 굿, 셋째는 부모의 사령(死靈)이 극락왕생하기를 비는 진오기 굿이다. 이런 굿이 1년에 평균 100여 회 치러진다고 한다. 서울 시내에도 이런 굿당이 몇 군데 있는데 최근 10~20년 사이에 남산 및 회현동의 노인성당, 불광동의 할미당, 자하문의 서낭당이 있었으나 지금은 없어져 중요민속자료로 지정되어 보존되고 있다.

인왕산을 둘러싸고 산 밑에는 조선시대에 국가에 제사를 지내는 사직단이 있고 임진왜란 때 공을 세운 백사 이항복이 살면서 새겨놓은 필운대 시가 있다. 이곳에 행주대첩을 성공시킨 권율 장군이 살았던 터가 있으며 활터로 유명한 황학정이 있는가 하면 유형문화재 22호로 지정되어 있는 안평대군의 산장인 무계정사가 있다.

조선시대에는 인왕산 호랑이가 많아서 "인왕산 모르는 호랑이 없다"라는 말까지 생겼으며 일본인들이 인왕산(仁王山) '왕(王)' 자에 일본인(日本人)의 '일(日)' 자를 넣어, 인왕산(仁旺山)이라고 불렀던 산이기도 하다. 인왕산은 이렇게 많은 전설과 유적을 간직한 채 지금도 서울 시민들이 즐겨 찾고 있다.

마의태자가 머물렀던
월악산(月岳山)

*덕주사 마애불

월악산을 오를 때마다 자연의 아름다운 정경을 보며 이산의 전설을 가끔 생각한다.

월악산은 충북 중원군과 제천시 사이에 있는 해발 1097미터 높이의 산으로 백두대간이 죽령을 넘어 도솔봉과 대미산을 지나 북서로 치닫는 신비스럽고 아름다움을 지닌 99봉우리의 암산(巖山)으로 되어 있다.

6 · 25 당시 연합군의 인천상륙작전으로 북한 인민무력부대 빨치산 수백 명이 후퇴할 때 월악산에 패잔병으로 숨어 충주에 내려와 충주군청에 불을 지르고 먹을 것을 훔쳐 달아나 숨어 있던 곳이기도 하다.

나는 봄 여름 가을 겨울 사계절 월악산에 올라갔다.

음악협회회원 12명과 함께 봄나들이를 갔을 때 죽령에 고산대 식물이 자라고 봄 향기를 품은 갖가지 꽃들이 만발했다. 특히 진달래와 철쭉꽃이 산등성을 붉게 덮힌 광경은 실로 장관이었다. 친구들과 여름 등산을 할 때 수목이 우거지고 소나무와 단풍나무 사이에 지저귀는 새소리는 시원한 바람과 함께 흐르는 땀을 말끔히 씻어 주었다.

교직원들과 함께 40여 명이 늦은 가을 월악산을 찾았을 때 덕주사와 신륵사 앞 뒤로 형형색색 단풍의 아름다움을 만끽하였다. 또 우리부부가 겨울 덕주사를 찾았을 때는 나무마다 눈꽃송이를 보며 멋진 광경을 감상할 수 있는 행운도 함께 한 사계절의 월악산이었다.

월악산은 신라 고구려의 전초기지로 동서남북 4개의 문이 뚜렷한 옛 산성을 비롯해 신륵사와 덕주사 등 사적이 많다.

신라말 마의태자와 덕주공주 남매가 망국의 한을 달래며 금강산으로 들어가는 도중 머물며 불상과 석탑 및 사찰을 세웠다. 마의태자는 금강산으로 들어가고 공주는 이곳에 남아 불자의 몸이 되어 여생을 바쳤기에 그 이름을 따 덕주사라 명명했다.

태자는 동생을 떼어놓고 떠나며 월악의 정경을 한시로 남겨 덕주 골 초입에 공주를 기리는 시비가 있다.

월악산은 중원군 문화의 핵으로 때묻지 않는 비경과 아름답기로 이름난 송계계곡의 맑은 물이 자연의 아름다움을 더욱 짙게 하고 있다.

충주에 있는 막내동생이 금년에 4촌 형제들을 월악산 밑 송계가든으로 초대하여 1박을 하며 형제 의를 다졌다. 부산, 대구, 서울, 일산, 수원, 각지에서 온 인척이 47명이나 되었다. 일찍 온 사람은 송계가든에 여장을 풀고 옛날이야기를 할 때 몇몇 사람은 등산을 하기로 하고 산에 올라갔다. 8명이 덕주사, 마애불, 영봉까지 가며 앞장서서 월악산의 전설을 이야기 해주었다.

송계가든에서 덕주사까지는 3킬로미터, 마애불까지는 5킬로미터, 영봉까지는 8킬로미터 이다 덕주사 가는 길은 길이 좋아 승용차도 다닌다. 우리일행이 300미터 걸으니 선녀탕이 보이는데 물이 깨끗하다. 선녀가 내려와 목욕을 했다하여 선녀탕이라 한다. 조금 더 오르면 선학소가 있는데 나무가 우거지고 숲이 좋아 학이 머물고 놀았다 하여 선학소라 한다.

200미터 더 오르니 덕주사가 보인다.

덕주사는 대웅전도 다시 증축하고 터도 넓게 닦아 옛모습이 바뀌져 있다. 망부석 앞에는 월악의 전설비문이 기록되어 있다. 월악은 산세가 험준한데다가 산 형세가 여자가 들어 누워 있는 형상이라 하여 여자의 상징인 달(月)과 험준한 바위를 따 악자를 붙여 월악산(月岳山)이라 지었다 한다.

월악산 등산객이 사고가 잦아 남자의 상징인 심볼을 4개 만들어 월악산의 정기를 눌렀다 한다.

덕주사에서 마애불까지는 약 2킬로미터인데 등산로에 돌로 깔아놓아 걷기가 힘들다. 나무숲이 우거지고 아름다운 자연경관에 도취되어 마애불까지 어렵게 가니 많은 등산객들이 내려오고 있었다. 마애불상은 덕주공주와 관련 되어 깎아지른 절벽바위에 새긴 보물 406호로 지정되어 높이만 13미터나 된다.

우리 형제들은 불교신자가 많다. 마애불상 앞에서 4배를 하면서 저마다 소원을 빌었다. 특히 담도암 진단을 받은 동생은 더더욱 간절히 소원성취를 바라는 듯 했다.

마애불상 앞에서 20분 휴식을 취하고 시간이 없어 영봉까지는 가지 못하고 하산했다.

나는 영봉을 보기 위해 갔으면 싶었다. 우리나라에서 유명한 산중 '영봉' 이라는 정상은 백두산과 월악산 뿐이다. 영봉은 신령이 머무는 곳이

＊덕주사 대웅보전

라 하여 신성시 되어왔다.

올라갈 때는 힘이 들어 나는 형제들 간에 제일 늦게 뒤처졌다. 힘들게 오르는 나를 본 아내는 심장도 좋지 않으니 중간에 쉬라고 했지만 나는 끝까지 올라갔다. 그러나 내려올 때는 가벼운 몸으로 제일 먼저 내려왔다. 덕주사에 들려 대웅전을 들러보고 법당 옆에 약사전으로 갔다. 하반신을 땅에 묻은 불상 손에는 병을 들고 있으며 높이가 2.5미터 둘레 2미터가 되었다. 예부터 불상을 불신하고 공경하지 않으면 흉년이 든다하여 주민들이 자주 불공을 드린다 한다. 불상에서 조금 지나면 산신각이 있는데 자연석으로 된 바위 굴속에 산신을 모셔 덕주사를 찾는 사람은 꼭 들려야 액운을 면한다는 말이 있다.

월악산 동쪽 중간에 신륵사(神勒寺)가 있다. 진평왕 4년에 '대덕사'라 불렸는데 수경대(水鏡坮)에 고승이 한 분 있었다. 월악산 일대에 괴질이 번져 많은 사람이 죽거나 신음하게 됐다. 괴질은 스님을 시기한 귀신의 짓이라 하여 스님이 귀신의 코를 꿰어 항복을 받으니 괴질이 없어졌다는 이야기다. 그런 후 절 이름을 신륵사라 바꿔 불렀다 한다. 국사당 안에는 스님의 영정이 봉안되어 있다. 월악산은 두 절이 많은 전설을 앉고 등산객을 맞는다.

저녁식사를 하고 온 가족이 부부동반으로 장기자랑과 노래를 부르며 하룻밤을 즐겼다.

노래를 부르는 곳에서는 나는 늘 주눅이 들고 자신이 없다. 언제인가 감기를 심하게 앓고 난 뒤부터는 목을 버려 음정과 박자도 맞지 않아 되도록 피한다. 사촌동생 부부들은 노래도 잘 부르고 놀기도 재미있게 논다. 역시 젊은 세대들이라 노는 모양도 적극적이고 다양하다.

월악산의 가족모임은 형제들의 우의를 다지고 정감을 나누기에 충분했다. 1년에 한번씩 모임을 갖기로 하고 그동안 도시에서 찌들은 가슴과 답답함을 말끔히 씻은 듯 개운한 마음으로 서울로 돌아왔다.

남 주작의

목멱산(木覓山)

남산이란 명칭은 전국 각도에서 많이 쓰이고 있으며 동요나 애국가에서도 불려지고 있다. 동요 '달'에서 '달, 달 무슨 달 어디 어디 떴나, 남산 위에 떴지.' 애국가 2절에도 '남산 위에 저 소나무 철갑을 두른 듯' 남산이란 말이 나온다.

남산은 우리들 마음속에 친밀감을 주며 부드러운 느낌을 준다. 서울의 남산은 다른 남산에 비해 역사도 깊고 여러 가지 닉네임을 갖고 있다.

나는 남산 정상을 가기 위해 승용차로 장충체육관을 지나 국립극장 옆 남산 진입로를 따라 산 정상까지 자주 올라갔다가 돌아오곤 한다.

진입은 한 길이지만 내려가는 길은 남대문, 효창동, 또는 퇴계로 쪽으로도 내려간다.

봄에는 그 길들이 철쭉과 벚꽃이 만발해 꽃구경하며 드라이브코스로 안성맞춤이다. 여름에는 소나무와 단풍나무가 녹색으로 짙어져 바람에 흔들리니 시원하고 즐거운 기분을 만끽한다. 가을이면 낙엽을 밟으며 걷기도 했다. 겨울이면 케이블카를 타고 정상까지 가 N타워 꼭대기에서 흰눈이 덮인 설경을 보기도 한다.

서울문화사학회와 역사문화포럼에서도 남산일대를 몇 번 답사해, 남산과는 가까운 벗 같은 느낌이 든다. 남산은 사람들의 쉬는 놀이터로 이보다 더 좋은 데가 없다.

봄, 여름, 가을, 맑은 날이면 많은 사람들이 산을 거닐고 나무아래 눕고 성 위에 앉아서 한강을 바라보고 경치를 즐긴다.

남산은 조선시대 서울 내사산(內四山)의 하나로 옛날이나 지금이나 녹지 공간으로는 제일 크다. 남산은 해발 265미터로 중구와 용산구 사이에 있으며 산 도성의 안산(案山), 곧 남주작(南主雀)으로 서울의 주산인 북악산과 마주하고 있다.

우리나라 큰 고을 남쪽에는 대개 앞산 또는 남산이 있어 남쪽을 아늑하게 해주는데 서울의 남산은 한강물의 범람을 막아주고 도성 안에서 강물의 흐름이 보이지 않게 가려주는 역할을 하고 있다. 뾰족하고 날카롭게 우뚝 솟은 북악산에 비해 남산은 부드러운 느낌을 주고 아무리 보아도 싫증이 나지 않는다.

예부터 남산은 시민의 행락지(行樂地)로 모든 사람들의 아낌을 받아왔기에 자연보호 차원에서 도성을 쌓은 4산에 금포(錦袍)를 세워 입산을 금지하고 나무를 베거나 흙과 돌을 파가지도 못하며 무덤도 쓰지 못하게 하였다.

서울시민의 아낌을 받아 목멱상화(木覓賞花), 즉 남산의 꽃구경을 서울의 10가지 구경거리 중 하나로 꼽았다. 도성을 둘러싼 4산 중의 다른 삼산(북악, 인왕, 낙산)은 돌산이고 경사가 급한데 비해 남산은 비교적 산에 오르는 길이 완만하고 주위가 수목으로 둘러 싸여져있어 사계절 풍경이 아름답다.

풍류를 즐기는 옛사람들은 남산팔영(南山八詠)이라 하여 오늘날까지 전해오고 있다. 북쪽 궁궐을 가로지르는 구름, 장안을 안고 구비도는 한강, 층층의 바위 밑에 핀 꽃, 고개 마루턱에 선 늙은 소나무, 이른 봄의 답청(踏靑)놀이, 9월 9일의 등산놀이, 4월 초파일의 관등놀이 야경, 깨끗한 골짜기 물에 갓끈을 씻고 세상명리를 잇는 것이라 하였다.

남산이란 이름을 갖게 된 것은 조선 초 한양에 천도하면서 부터다. 그 이전에는 인경산(引京山), 열경산(列慶山), 목멱산(木覓山)으로 불렀다.

인경산은 맑은 산, 즉 광명의 산이란 뜻을 지니고 있으며 개성에서 도읍을 한양으로 끌어 왔으므로 끌어올 인(引), 서울 경(京) 인경산으로도 풀이했다.

문헌에는 열경산이라고 하는데 산 모습이 마치 안장을 벗어 놓은 채 달리는 말과 흡사하다 하여 붙여진 이름이다.

목멱산은 우리말로 마뫼산으로 산 위에 목격신사(目擊神祠)가 있기 때문에 불리어진 이름이다. 조선 초 태조 이성계는 한양에 도읍한 뒤 국가 안녕을 기원하는 제사를 지내기 위해 북악산과 남산에 산신(山神)을 모셔놓았다. 남산의 산신을 제사하는 사당을 만들었으므로 산 이름도 목멱산으로 지었다. 목격신사는 남산 정상의 동쪽 넓은 터에 자리잡고 있었는데 국사당(國師堂)이라고도 칭하였다. 이 사당은 조선말 고종 때까지 매년 봄, 가을 두 번 제사를 지내다가 폐지하였는데 그 후 민간신앙의 대상이 되었다.

일제 때 일본인에 의해 자기네들이 숭상하는 일본신사(天照山神) 아마테라스 오호 마가미를 세우기 위해 헐리자, 우리민족은 현판과 사당 일부를 인왕산 기슭 선바위 밑에 옮겨놓고 국사당의 명맥을 이어갔다. 지금은 그 자리에 팔각정이 세워져 많은 관광객들의 휴식공간으로 이용되고 있다.

남산에는 많은 유적들이 있다. 봉수대, 와룡묘, 부엉이바위, 동학시단, 안중근 의사 기념관 등이 있다.

조선 초부터 갑오개혁 때까지 전국에서 다섯 갈래로 들어오는 봉수가 집결하는 곳이기에 다섯 개의 봉수대가 있다. 봉수대의 통신방법은 아

무 이상이 없을 때는 한 번씩 연기나 불을 피운다. 두 번이면 적이 보이고 세 번은 적이 국경에 접근한 것이며, 네 번은 국경을 침범하고, 다섯 번은 아군과 접전을 벌이는 신호였다.

맑은 날 밤에는 불을 피우고 낮에는 연기를 올린다. 비가오거나 눈이 오면 포성(砲聲)과 각성(角聲)으로 알린다.

민속자료 5호로 지정된 와룡묘는 중국 후한말 삼국시대 촉한(蜀漢)의 유비를 도운 제갈공명(諸葛孔明)을 모신 사당이다. 제갈공명 이름이 양(亮), 호가 와룡(臥龍)이므로 와룡묘라 한다. 와룡묘 뒤쪽에 삼성각이 있고 왼쪽에는 단군성전이 있다. 삼성각은 통칭 산신각으로 가운데 산신님, 오른쪽에 칠성님, 왼쪽에는 독성님 등 삼신(三神)을 모시고 있다.

부엉이바위 약수는 서울의 많은 약수 중 제일 손꼽을 정도로 유명하다. 현재 숭의여자전문대학 서쪽 남산 공명골에 있는 범바위 약수다. 바위 모습이 마치 부엉이처럼 생겼다하여 붙여진 이름이다. 약수는 절벽 사이로 흘러내려 물맛이 매우 좋을 뿐만 아니라 위장병에도 특효가 있다고 한다.

『한경지략』에 보면 부엉이바위에는 한 선비와 오래된 암지네와의 사랑이야기가 전해지고 있다. 영조 때 한은석은 사도세자의 죽음을 보고 관직에서 물러나 궁핍한 생활을 하다가 자신의 신세를 비관하고 부엉이바위 옆 나무에 줄을 메고 자결을 하려는데 한 여인이 나타나 그 여인과 집에서 단꿈을 꾸었다. 알고 보니 그 여인은 천년 묵은 지네였다.

한은석은 천년 묵은 지네와 지렁이 싸움에서 지네 편을 들어 행운을 얻어 큰 부자가 되었다는 이야기가 전해오고 있다.

동국대학교 북문 가까운 암벽에는 '동학시단' 이라고 쓴 각자(刻字)가 있다. 이 각자는 1985년 동국대학교에서 암벽을 헐어내고 건물을 세울 때 없어졌다. 동악은 조선중기의 선조 때 시인이자 예조판서를 역임한 이한눌의 호다.

목멱산 봉수대에서 남산식물원으로 내려오다 보면 서울 성곽을 끼고 하산하는 길에 어린이회관과 국립도서관으로 사용하던 서울과학교육원 건물이 높이 세워져 있고 그 남쪽 광장에 안중근 의사 기념관이 있다. 이곳은 일제 때 조선 신궁으로 올라가는 길목이고 경성신사가 있었으므로 이를 위해 만든 계단이 아직 남아 있다.

총건평 5만9천4백 평방미터의 기념관으로 안중근 영정을 비롯하여 사진, 보물 제 569호인 옥중유물과 관계문헌 등이 상설 전시되어 있다.

이외에도 남산 주위에는 크고 작은 문화유산들이 많으나 지금은 땅속에 터널이 열십자로 관통하고 있을 뿐만 아니라 길이 나고 건물들이 들어서 있어 그 옛날 남산의 참모습을 찾아볼 수 없는 것이 매우 안타깝다.

한양의 울타리
성곽(城郭)

*북악산과 서울 성곽

서울 성곽은 조선500년 동안 동대문, 서대문, 남대문, 숙청문 등과 사소문(四小門)에 이어 서울 장안을 지키던 울타리다.

우리 역사문화포럼 회원 30여 명이 성곽을 답사하기 위해 동대문 지하철 매표소에 모여 가장 먼저 낙산(이대부속병원)부터 답사하기로 하였다.

나는 답사코스를 안내하기로 하고 한양을 중심으로 타원형으로 둘러 있는 성곽을 답사하였다.

높이가 약 12미터 돌로 쌓은 성곽은 둘레가 약 18킬로미터로 서울의 사산(四山)인 북악산, 인왕산, 남산, 낙산을 잇고 있는데 태조 4년(1395) 개국공신 정도전이 이성계의 명을 받아 성토를 축성하였다.

조선왕조의 왕궁을 지키던 울타리가 을사조약 체결 후 일제 만행에 의해 남대문 양쪽 성벽을 헐어내면서 그 기능을 상실하였다.

1915년 경성시 구역개수계획(區域改修計劃)에 따라 성벽과 성문을 무너뜨려 4개의 대문과 소문만 남아있다. 지금은 남대문, 동대문, 숙정문의 3대문과 창의문, 광희문의 2소문만 남아있다. 혜화문은 복원하였지만 성곽 둘레 절반이 도로와 건축물들이 점유하고 있다.

성곽을 처음에는 낮은 곳은 흙으로 높은 곳은 돌로 쌓았다. 3분의 2를 흙으로 쌓다보니 그해 장마가 지자 토성으로 쌓은 성곽은 무너져 제 구실을 못하고 보수공사를 다시 하였다. 49일 동안 축성하기 위해 밤낮을 가리지 않고 공사를 감행하다보니 동상자(凍傷者)와 부상자가 늘어났고 전염병까지 돌아 사망자가 많이 생겼다.

이성계는 이를 염려하여 야간작업과 눈이 오는 날, 바람이 세게 부는 날은 공사를 중단시키며 무너진 토성은 다시 돌로 쌓아 4대문과 4소문을 완성하였다.

세종 4년에 무너진 토성을 돌로 쌓기 위해 개축을 하였는데 당시 한양 인구가 10만 명에 비해 무려 3배가 넘는 32만 명이 동원되어 40여 일을 하였으며 파루(오전 5시경)에 시작하여 인정(오후 10시)때까지 일을 하였다고 한다.

나는 성곽을 답사하기 위해 자료를 조사하던 중 많은 일화를 알게 되었다. 전라도 장성에 사는 도리장(都理莊)이라는 무남독녀는 아버지가 성곽을 쌓는데 동원 되었다가 병에 걸려 구호소에 있다는 소식을 듣고 병든 아버지를 생각하며 통곡하던 중 간호하기로 결심하고 남장을 하여 한양으로 찾아가 아버지를 극진히 간호하였다. 온갖 난관을 무릅쓰고 아버지를 부축하여 고향에 돌아오니 인근 사람들의 칭송이 자자하였다. 이 사실을 알게 된 이성계는 옷감으로 상을 내려 도리장의 효성을 표상하였다 한다.

울산에서 올라온 한 남자는 아버지와 아들이 함께 공사에 나왔다가 아버지가 죽자 시신을 업고 고향으로 돌아가면서 도중에 아침, 저녁으로 상식(上食)을 올려가며 집으로 갔다는 이야기가 전해지고 있다.

성곽은 태조 때 쌓아 세종 때 개축을 하였는데 이처럼 많은 일화가 역

*숙정문

사의 뒤안길에서 남아 있다. 성곽은 조상들이 나라를 지키려는 유비무환의 호국정신이 깃든 문화유산으로 기리 보전해야 할 터인데 지금은 부분적인 성곽만 남아 서울을 지키고 있는 것이 안타깝다.

태조 때 성곽 쌓는 위치를 가지고 성리학자 정도전과 불교계의 대표 무학대사와 의견 대립이 있었다. 정도전은 인왕산에서 곧바로 낙산으로 쌓아야 한다고 주장 했고, 무학대사는 종로구 무악동에 위치한 선바위가 도성 안으로 들어오도록 북악산—인왕산—안산—낙산으로 연결해서 성곽을 쌓고자 하였다. 그러던 중 어느 날 밤 서울에 첫 눈이 내렸다. 이상하게 도성 안쪽에 내린 눈은 녹기 시작하여 내린 흔적은 없어지고 도성 바깥쪽에는 눈이 줄을 그은 듯 남아있었다. 이성계는 이를 보고 하늘에서도 성 쌓는 자리를 계시해 준 표시라고 생각하고 남아 있는 선 설울(雪蔚)을 따라 도성을 쌓게 하였다. 오늘날 서울이라는 명칭은 눈 울타리, 설울이 변하여 서울로 불리게 되었다는 설이 있다.

낙산에서 바라본 동대문은 보물 제1호로 종로6가에 있다. 500년 간 동쪽 대문으로 오전 5시에 문을 열고 오후 10시에 문을 닫아 모든 사람의 통행을 금지시켜 주었다. 서울의 방위로 치안을 담당하던 문으로 5대 덕목인 인(仁)자를 따서 붙인 관계로 흥인문(興仁門)인데 서울의 지세가 북서쪽보다 낮다하여 지(之)자를 넣어 흥인지문(興仁之門)이라 부른다.

낙산 성벽을 보며 정상까지 올라 버스를 타고 광희문으로 갔다.

중구 광희동에 있는 이 문은 을지로6가에서 신당동쪽으로 가다보면 오른쪽에 있는 4소문의 하나로 일명 시구문(屍口門), 또는 수구문(水口門)이라고도 한다.

도성 안에서 죽은 사람 시신은 반드시 이 문을 거쳐 나가야 된다.

버스를 타고 남산에 올라 N타워, 남산 성곽을 보면서 남대문으로 갔다.

국보 제1호인 숭례문은 성곽의 정문이며 남쪽에 있다하여 남대문이다. 목조건물로 가장 오래됐으며 태조 4년에 시작하여 7년에 완공을 봤다. 무지개 모양의 홍예문은 그 위에 정면 5칸 측면 2칸 크기로 지은 누각 2층 건물이다. 지붕은 앞에서 볼 때 사다리꼴 형태로 되어 있는데 이런 지붕을 우진각 지붕이라고 한다.

숭례문 현판은 관악산의 화기를 누르기 위해 양녕대군이 세로로 쓴 글씨이다. 남대문을 지키는 수문장이 새로 생겨 교대식이 3시간마다 있으며 마패를 보여주며 교대를 했다.

중앙일보 옆에 옛터로 남아있는 서소문은 초라하게 비석만 남아있다. 삼성 강북병원 사옥 옆 신문로 고개마루에 표석만 남아있는 돈의문은 시대에 따라 서전문, 신문, 새문으로도 불리었지만 많은 사람들이 서대문으로 불렀다.

버스를 타고 인왕산 정상에서 옛 성곽을 바라보며 창의문으로 갔다.

창의문은 종로구 청운동 산1번지에 있는 문으로 4소문 중의 하나다. 이 일대를 옛날

*창의문

에는 자하동이라고 칭하였기에 자하문이라고도 불렀다. 이 문의 특징은 풍수지리상 자하문 밖의 지형이 지네 모양이므로 이를 억누르기 위해 지네의 상극인 닭을 나무로 만들어 문루에 걸어 놓았으며, 문 천정에는 암탁과 수탉 2마리가 그려져 문을 지키고 있다. 문루에는 인조반정 때 공을 세운 김류, 이귀 동 1등 공신에서 3등 공신까지의 이름을 기록한 현판이 보전되어 있다.

서울 성곽은 1975년 이전까지는 종로구와 중구지역을 둘러 싸고 있었으므로 서대문구, 성북구, 용산구, 동대문구, 성동구와의 경계선을 이루고 있다.

현재 서울 성곽의 흔적은 약 11킬로미터이고 완전히 사라져 흔적조차 없는 곳은 7킬로미터나 된다. 나는 낙산, 인왕산, 남산 정상에서 서울을 바라보며 조선왕조 500년 성곽의 발자취를 더듬어 보았다.

자연보호 발상지
금오산(金烏山)

*대혜폭포

나는 수상(隨想)이나 시상(詩想)이 떠오르지 않을 때는 가끔 배봉산으로 산책을 하거나 먼 곳으로 테마여행을 떠난다.

동생 내외와 우리 부부 네 명이 성우관광 상품을 보고 금오산 여행을 하기로 하여 아침 7시에 떠났다.

잠실 너구리동상 앞에서 승차해 송파로 버스전용 차선을 따라 판교 구리 간 고속도로에서 중부고속도로에 들어서니 안내자가 자신을 최인순 과장이라 소개하고 금오산 관광 안내를 설명하였다. 차 안에서 아침식사를 하고 중부, 경부고속도로 가다가 구미에 오전 11시 30분경 도착하였다.

구미 I. C를 나와 구미공업단지를 뒤로하고 사곡동을 지나 상모동 박정희 대통령생가를 찾아 관광이 시작되었다.

박정희 대통령생가는 구미시 상모동 171번지 대지 2240평, 건물 23

평, 규모에 1920년대의 박대통령이 살던 집과 1970년대의 촌가, 추모관, 내자공원, 옥외광장으로 조성되어 있다.

생가를 둘러싸고 있는 산이 아늑하고 포근한 느낌을 주었으며 뒷산에는 대나무가 빽빽이 숲을 이룬 지세가, 풍수지리를 아마추어로 공부한 내가 보아도 금계포란형(金鷄抱卵形)에 좋은 자리구나 하는 느낌을 주었다. 그래서인지 풍수전문가들이 금오탁시(金烏啄屍)에 절대 권력가가 나온 대 명당자리라고 한다.

박대통령은 1917년에 태어나 1937년 대구사범을 졸업할 때까지 이곳에서 살았다. 생가 내에는 안채 및 사랑채와 1979년에 설치한 분향소가 있다. 박대통령의 생가가 있는 상모리라는 마을은 원래 이곳 사람들이 '모로실' 이라 불러 왔는데 조선 초 수양대군이 조카 단종을 폐위시키고 찬탈했을 때 단종을 따르는 충신들이 벼슬을 버리고 이 고장에 내려와 살면서 단종을 사모하는 뜻에서 모로실(慕魯谷, 노산대군을 사모한다는 뜻)이라고 불렀다 한다.

박대통령이 상모동에서 태어난 일화는 많다. 박대통령은 고령 박씨로 아버지 박성빈씨와 어머니 수원백씨 백남의 여사의 막내아들로 금오산의 정기를 받고 태어났다. 경상북도 칠곡군과 금릉군 사이에 있는 금오산(金烏山)은 예로부터 명산이다.

금오산이라 불리게 된 연유는 삼국시대 고구려 승려 아도(阿道)가 어머니의 말씀따라 신라의 불교를 포교하러 가다가 지금의 금오산 근처를 지나게 되었다. 해가 저물기 시작하자 황홀한 색상으로 무늬를 수 놓으며 노을이 지는 하늘을 배경으로, 한 무리의 까마귀들이 날고 있었다. 아도가 까마귀들의 날개 짓을 바라보고 있으려니 자못 신비스럽게 보여 앞에 보이는 산에다 금오산이라 이름을 붙였다 한다. 금오는 태양이란 뜻이고 빛을 내는 까마귀로, 신조(神鳥)를 나타내기도 한다.

박대통령이 금오산자락에서 태어난데 대하여는 많은 일화가 있다.

큰형 동희가 22세였고, 큰누님이 이은씨 문종으로 출가하여 딸을 낳자 어머니 박씨가 만산의 딸과 같은 해에 임신을 했다하여 매우 쑥스러워 하고 창피하여, 유산시키려고 간장을 한 사발씩 들이마시고 높은 언덕에서 떨어져보기도 하였으며 낳으면 이불에 싸서 버리라고까지 했다. 이런 우여곡절 끝에 박정희 대통령이 태어났다고 한다. 그래서 '잘 살아보세!' 의 신화를 이룬 대통령이 되었다.

박대통령은 금오산의 정기를 받고 태어나서 그런지 금오산에 대한 애정이 남달리 컸으며 1970년대 우리나라 최초로 금오산 일대를 도립공원으로 지정했다.

금오산은 가파른 지세와 절벽, 울창한 수림과 폭포, 계곡과 호수를 이루어 명승지로 각광을 받고 있다. 고려 때는 남고산이라 했는데 이는 황해도 해주의 북고산에 대응하여 불려진 이름이다.

금오산 자락 밑에서 산채비빔밥으로 점심을 먹고 산을 오르는데 입구에 고려 말 충신 야은 길재의 충절과 덕을 추모하는 채미정(採薇亭)이 있다. 채미정에 들어서니 오른쪽에는 팔각정이 있고 조금 들어가니 정면에 길재의 사당이 있으며 옆에 비각이 있다. 왼쪽에는 큰 돌에 길재의 시조가 새겨져 있다. 길재는 고려의 삼은(포은 정몽주, 목은 이색)의 한 사람으로 두 임금을 섬길 수 없다하여 충절로 금오산 기슭에서 후학을 지도하며 여생을 보냈다. 그가 여생을 보냈던 곳을 '채미정' 이라 했는데 중국 은나라의 백이와 숙제가 주(周)의 천하가 되자 무왕을 섬기지 않으려고 수양산에서 고사리만 캐먹으며 숨어 살았다는 전설에서 채미정이란 이름을 붙였다 한다.

채미정에서 포장길 따라 조금 오르니 왕산 허위의 유허비가 길옆에서 산에 오르는 사람을 맞는다. 국운이 기울던 구한말 옥답 3천마지기를 처분하여 군자금을 마련한 허 왕산은 전국 방방곡곡에서 의병을 규합하여 왜군에게 대항한 대장이다. 왜병에게 포로가 된 그는 극형을 당하기 직전에 '나라에 충성한 사람은 절로 천당에 갈 것이고 지옥으로 간다한들 원수의 불경소리는 듣기 싫다' 라면서 형을 받았다는 설화가 있다.

왕산 유적비를 보고 2킬로미터 올라가 금오산 케이블카를 탔다. 산 아래 펼쳐지는 정경을 8분간 바라보며 중턱에 오르니 해운사가 나온다.

해운사는 케이블카 종점에서 200미터 지점에서 자리잡고 있는데 창사된 지 800년에 이르고 있다. 대웅전을 보고 5분 정도 오르니 대혜폭포와, 도선굴, 약사암이 있다. 대혜폭포에 오르니 30여 미터 꼭대기에서 내려오는 물줄기가 바위에 부딪혀 떨어지는 장관은 등산객들의 땀을 씻어주기에 안성맞춤이었다.

대혜폭포 옆에 '자연보호운동' 이란 입간판이 세워져 있는데 그 내용은 박정희 대통령이 "자, 우리 청소작업부터 하지"라는 글과 사진이다.

우리나라에서 최초로 1977년 9월 5일 자연보호운동이 시작되었다 하여 '자연보호운동발상지' 로 명명하였다.

대혜폭포 옆으로 올라가니 도선굴이 나온다. 신라의 상대사, 고려 말에는 도선국사가 수도를 하였고 고려가 망하자 길재가 이 굴에서 도를 닦았다 한다.

약사암은 신라에 불교를 전파한 아도화상이 눌지왕 때 창건했다고 전해지고 있으나 사명대사가 금오산성을 축조하면서 중창했다는 이 절은 예부터 참선도량으로 유명하다. 약사암에 안치되어 있는 약사여래불은 수도사의 수도암, 황악산, 삼성암의 약사불과 삼형제 불로 세 곳에서 함께 발광했다는 전설이 있다.

금오산 대 자연속에서 2시간의 제한된 시간에 대충 보고 내려올 때는 약사암 왼쪽 계곡 길을 따라 출발지점까지 걸어서 내려왔다.

관광버스를 타고 다음 코스인 직지사에 사찰과 벚꽃을 보기로 되어있는데 꽃이 다 져서 입구만 돌아 서울로 오니 9시였다.

이름난 금오산을 언젠가 가보려고 했던 곳이기에 이번 기회에 관광을

*채미정

하고나니 가슴에 후련한 기분이 들었다.

역사의 숨결이 숨어있는 금오산, 그곳의 새로운 사실을 알고 나니 다시 한번 가보고 싶은 생각이 든다.

제 7 부

옛 걸인(傑人)들의 발자취

사명대사(四溟大師)

＊사명대사 초상

녹음방초가 무르익는 5월 1일 중순 서울역사문화포럼 답사회원 일행이 압구정역 앞 광장에 대기한 퍼팩스 여행사 버스에 43명이 탑승하여 7시 30분에 출발했다.

밀양까지 5시간 정도를 예상하였으나 원활한 소통으로 빨리 도착하니 시청 직원들이 나와 우리 일행들을 반갑게 맞아주었다.

향토사연구회원들의 안내를 받으며 답사가 시작되었다. 처음 찾은 곳이 표충비각이다.

이 비는 경상남도 지정 유형문화재 15호로 '밀양얼음골', '무봉사 태극나비', '만어사 어산불영경석' 과 함께 밀양의 4대 신비유물중의 하나이다. 임진왜란 때 승여로서 국란을 극복한 사명대사의 충의의 높은 뜻을 새긴 곳으로 영조 18년 대사의 5대 법손(法孫)인 남붕(南鵬)이 건립했다.

그 비문의 삼면에는 1300자의 글씨로 전면에는 송운(宋雲)대사 행적

*표충비각

을, 후면에는 서산(西山)대사 공덕을, 측면에는 제자인 기허(騎虛)대사의 사적을 새겼다.

이 비는 한비(汗碑)라고도 하는데 국가에서 큰 사건이 있을 때 비면에 땀방울이 맺혀 마치 구슬처럼 흐른다고 한다. 사람들은 나라와 겨레를 존중하고 근심하는 사명대사의 영험이라고 한다. 특히 신기한 것은 비석 사면에 며칠씩 계속해서 흐르기도 하고 한 면과 두 면에서만 잠깐씩 흐르다가 그치기도 했는데 글자의 획 안이나 머릿돌과 좌대에서는 물기가 전혀 비치지 않는다고 한다. 이런 현상을 사진으로 촬영하여 일반 관광객들에게 보여 주기위해 비각 옆에 전시하였다.

비각 옆에 향나무가 몇 그루가 서있는데 사명대사가 영당비를 기념하기위하여 영조18년 남붕 선사가 식수했다. 몇 백 년이 흐른 지금에도 그 푸르름이 한층 돋보였으며 잘 관리되어 있었다. 그 옆에 홍제사와 뜰 앞 활짝 핀 작약을 보며 동부식육식당에서 돼지국밥으로 배고픈 허기를 채우고 나니 금강산도 식구경이라 한결 답사의욕이 생겼다.

관광버스를 타고 사명당 생가지를 찾아가니 유허비가 첫눈에 띄었다.

석장비문(石藏碑文)에 보면 어머니가 해산하던 날 꿈에 흰 구름을 타고 누런 두건을 쓴 금인(金人)을 데리고 만 길이나 되는 높은 곳에 올라가니 그 위에 머리가 허옇게 센 늙은 신선이 앉아있으므로 머리가 땅에 닿도록 절을 하고나서 사명대사를 탄생하였다는 구절이 쓰여 있다.

송운대사생가지(宋雲大師生家址)와 기념관(記念館)이 있는 곳은 삼만여 평에 117억을 들여 조성하였다. 그 일대를 성역화 하여 밀양시 전체가 대사의 유적지로 가득한 느낌을 주었다. 그곳을 둘러싼 주위 산과 터는 전해오는 풍수설에 의하면 조부모님과 부모의 묘소는 목마른 용이 물을 먹는 형상이요, 주산은 동자형(童子形) 그 아래 좌청룡 우백호가 감돌아들다. 앞산은 범이 엎드려 있는 모양을 하고 유택은 천리를 한걸음에 달려온 천리마가 목마름을 해소하기위해 물을 먹는 갈마음수형(渴馬飲水形)이라 하여 수백 년 동안 삼국의 명장이 날 명산이라 하였다.

충의문을 지나 중앙광장을 들어서니 삼강문을 설치하고 주변 벽채에 대사의 탄생에서 성장, 교육, 입산, 승군활동, 외교활동, 국방전략 업적과 입적에 이르기까지 생애를 상징적 그림으로 묘사하였다. 눈에 확 뜨인 것은 1592년(선조25)에 임진왜란이 일어나 의승병(義僧兵)을 모집 명나라군사와 협력해서 평양성의 수복전을 이끌었던 것과 왜장 가등청정의 진중을 3차례 걸쳐 단신으로 들어가 담판을 하는 등 전략에 뛰어난 역량을 발휘하는 모습이 돋보였다.

1604년 국서(國書)를 휴대하고 일본에 건너가 도꾸가와(德川家康)와 만나 강화를 맺고 포로로 잡혀간 양민 3천5백 명을 인솔하여 귀국하는 장면은 눈시울을 뜨겁게 하였다.

기념관 안에는 가계도 임진왜란의 승장사명 평양성전투 등 주로 국방정신을 알아볼 수 있도록 질서 있고 생생하게 구성하여 놓았다. 뒷면에 대사의 동상을 들러보고 있을 때 학예사 하는 말이 밀양시장과 5시에 약속이 되어있다고 하면서 다음 행선지를 재촉하니 가까운 영산

＊사명대사 생가

정사를 돌아보지 못하고 단장면에 있는 표충사를 찾아 방갈로 농원 가든에 여장을 풀고 저녁식사를 하였다.

시장이 염소 두 마리를 잡아 우리 일행을 만찬으로 대해주면 환영사를 하였다.

회장이 답사와 함께 협회 상징인 "링타이"와 "물제유고"라는 책 2권을 선사하였다.

저녁식사를 하고나니 시간이 많이 흘렀다. 뒤는 아름다운 산이요 앞에는 시냇물이 흘러가는 표충사 방갈로 농원 가든의 밤 풍경은 정말 아름다웠다.

자정이 되니 소주병을 놓고 술을 마시는 자리, 방 한구석에서 고스톱 치면서 찡그린 얼굴, 피곤하여선지 잠자리에 누워서 코를 고는 사람, 대조영을 보겠다고 TV를 보는 진지한 모습, 술에 취해 고성방가 하는 자태 밤거리를 걸으며 표충사를 찾는 사람, 산골짜기 계곡물이 흐르는 소리를 들으며 삼삼오오 모여 담소하는 풍경이야말로 하루의 일과를 자기 나름 의미대로 마무리 짓는 것 같았다.

다음날 표충사를 찾았다. 숙소에서 가까워 걸었다. 이 절은 대사의 유서 깊은 대사찰이나 화재로 인해 최근세에 복원되었다. 특이한 것은 불교와 유교가 통합된 한국사찰의 유연성을 볼 수 있으며 대광전과 서원을 중심으로 두 영역으로 구성되어 있는 점이 색다르다.

보물 467호인 삼층석탑과 대광전의 유래를 듣고 유물관으로 갔다. 사명대사의 소장품 16건 79점이 있고 국보 75호인 '청동함은향원' 이 있는데 1957년 발견되어 향로 중 가장 오래된 작품이다. 또한 유정대사가 직접 입었다는 장삼은 민족자료 29호로 전시하였다. 어찌나 큰지 조그마한 추모동상과는 비교가 되어 고증이 잘못된 동상임을 알 수 있었다.

사명대사는 장년기를 병마의 풍진(風塵)속에서 보내어 법문(法文)을 많이 남기지 못하고 기회 있을 때마다 귀산(歸山)하기를 청하였으나 국사(國師)로 인하여 조정으로부터 윤허를 받지 못하였다 한다.

서쪽 무안면에 표충바각과 유적지, 기념관이 있고 동쪽인 단장면에는 표충사가 있어 대사와 관련된 유적지만 답사하는데도 하루가 걸릴 정도로 방대하고 넓게 자리 잡고 있었다. 1박 2일의 답사를 마치고 버스에 승차하려고 할 때 시장이 찾아와 밀양을 방문한 기념으로 농산물 깻잎과 고추를 주면서 기회가 되면 또 한 번 찾아줄 것을 부탁하였다.

그 곳을 떠나면서 참으로 많은 역사의식과 사명대사의 발자취가 남아 있는 고장이라는 생각을 다시 한 번 생각하는 기회가 되었다.

님의 침묵(沈默)

＊만해초상

달섬문학회원 35명이 한용운 생가가 있는 홍성으로 문학기행을 떠났다.

홍성군청에서 한용운 선생에 대한 성역화사업으로 기념관 '만해체험관'을 건립하고 10월 22~23일 이틀 동안 많은 유명인들을 초청해 대대적인 행사를 가졌다.

일행은 아침 일찍 관광버스를 타고 서해안 고속도로를 달려가며 차안에서 김밥으로 아침식사를 대신하였다.

나는 회장의 부탁을 받고 홍성의 인물 '만해' (한용운)와 '백야' (김좌진)장군에 대해 역사적인 이야기를 들려주었다.

홍성 I.C를 벗어나 홍성군 결성면 성곡리 생가가 있는 곳에 도착하였다. 저울산의 낮은 능선이 부드럽게 흘러내린 골짜기, 박철마을 서향으로 널찍한 자리에 생가와 사당인 만해사(萬海祠)가 있다.

삭정이 울타리로 둘러쳐진 생가 건물은 단출한 일(一)자형태의 4칸

초가집이다. 비좁은 안마당에는 배롱나무가 있고, 뒤뜰 우물에는 목련 나무가 보인다. 왼쪽에는 감나무와 대나무 숲이 뒤란으로 이어지며 그 옆 생가 유지비(遺址碑)엔 세월의 때가 묻어있다. 뒤에는 울창한 송림 이 만해의 고고한 지절(志節)만큼이나 푸르다.

홍성군 문화관광 해설사이며 기념관장인 전하수씨의 안내를 받으며 만애의 생애를 들었다. 그는 1879년 이곳에서 부친 한응준과 모친 온양 방씨의 둘째아들로 태어났다.

어려서부터 신동으로 불리고 6살에 한학을 공부했으며 9살에는 통감 (通鑑)을 독파하고 서경(書經)까지, 능통한 실력을 쌓았다고 한다.

그 무렵 개화파의 갑신정변이 3일 천하로 끝나면서 아버지에게 세상 돌아가는 형편과 역사인물에 대해 들으며 시대정신과 역사의식에 눈을 떴다. 15살에 동학농민혁명이 일어나 의거에 가담하였으나 실패로 끝나 면서 출가를 결심하고 고향을 떠나 백담사에 들어갔다.

만해는 세 가지 닉네임을 가지고 있다. 독립운동가, 승려, 시인이다.

1919년 최린과 함께 독립운동에 적극 활동하였고 최남선이가 쓴 독 립선언서에 공약 3장을 추가하여 3·1운동 당시 종로구 명월관에서 직 접 낭송하였다. 옥중에서 3년 형을 선고 받고 스스로 투쟁 3원칙을 세 워 철저하게 실행하였다.

내 나라를 찾는 떳떳한 일을 했으니 변호사를 대지 말 것이며, 자신 만 호의호식 할 수 없다하여 사식을 금했고, 부끄러운 일을 하지 않았 으니 보석을 요구하지 말라는 것이다.

독립만세를 불렀던 많은 사람들이 각서를 쓰거나 병보석을 빌미로 출 옥했던 것과는 너무나 대조적인, 강인한 신념을 보여주고 있다.

대청봉에서 내린 물이 백개의 소(沼)를 이루었다하여 이름 붙인 백담 사(百潭寺)는 설악의 정경을 병풍으로 둘러치고 천년을 고스란히 지켜 온 고찰이다. 만해는 이곳에서 25세(1904년) 되던 해 불문에 귀의하였 다. 득도할 때는 봉완이란 계명을 썼으며 득도를 마친 후 법명은 용운

(龍雲), 법호는 만해(卍海, 萬海)를 얻어 승려 생활을 하였다. 1911년 조선불교를 일본불교로 예속시키려는 것을 적극 반대하였으며 불교서적을 많이 발간하였다.

백담사 경내에 들어서면 우측으로 ㄱ자의 전통 한옥을 만나게 된다. 이 건물이 1997년 만해의 열반 47주년을 맞아 개관한 '만해기념관' 이다.

기념관에는 불교개혁의 기치를 들었던 조선불교 유신론과 불교대전의 원전이 소장되어 만해 불교정신의 산실임을 입증해 주고 있다.

생전의 유묵과 그에 대한 석, 박사 학위 연구 논문들이 정리되어 있다.

특히 『님의 침묵』 초간본과 백여 종의 판본이 함께 전시되어 문학의 총 본산 역할을 하고 있다. 『님의 침묵』은 1926년 발표한 한용운의 대표적 시다.

님의 존재에 대해 선문답적인 화두와 은유법을 통해 종교적 명상의 심화를 성취함으로 시적 성공을 거둔 시다. 우리 문학의 전통을 한 단계 발전시킨 작품으로 1920년대 우리 시단에서 소박한 낭만주의와, 퇴폐주의, 목적주의를 극복하고 형이상학의 깊이를 획득했다는 평을 받고 있다.

백담사와 오세암을 오가며 깨침으로 얻은 소리를 나라와 겨레에 대한 사랑으로 노래한 것이 바로 『님의 침묵』 88편 작품이다. 1925년 탈고하여 이듬해 출간을 보았으니 백담사에는 만해문학의 요람으로 한국 문학사의 중요한 사적지로 자리 잡고 있다.

만해는 세 군데 인연을 가지고 있다. 유년시절 정의와 인도의 정신을 깨우쳐 주고 그가 가야할 방향을 결정지어 준 육신의 고향 홍성군 성곡리요, 득도를 하여 불교를 부흥시킨 불신의 고향 백담사는 '님의 침묵'을 탄생시킨 문학의 고향이다.

한용운이 입적한 곳이 심우장(尋牛莊)이다. 3·1운동으로 3년 옥고를 치루고 빈한한 생활을 하고 있을 때 벽산스님의 도움으로 1933년에 지은 만해의 사저다.

심우는 무상대도의 진리를 깨친다는 의미로 만해 수행과 구도의 자세를 엿볼 수 있다. 동소문 네거리에서 성북동으로 들어서서 삼청동으로 통하는 길을 가다보면 북장동 골짜기 200여 미터 왼쪽으로 심우장 안내판이 나타나고 성북동 222번지에 있다. 낡은 구옥들이 오밀조밀 몰려있어 옹색한 동네다. 총독부를 바라보기가 싫어 등을 돌려 북향으로 집을 지었다 한다.

민족지도자, 불교사상가, 민족시인으로 호칭되는 만해는 독립된 조국에서 뜻을 이루지 못하고 민족적 양심을 지키다가 영양실조로 1944년 6월 29일 66세를 일기로 심우장에서 입적했다.

'님은 갔습니다. 아 아! 사랑하는 나의 님은 갔습니다.

푸른 산 빛을 깨치고 단풍나무 숲을 향하여 난 작은 길을 걸어서 차마 떨치고 갔습니다 …….'

기행을 마치고 돌아오는 버스 안에서 회장은 '님의 침묵' 시를 낭송하였다.

만해 가신지 60년 우리 민족의 영원한 님, 이 땅에 역사의 등불이 되고 그의 혼과 목소리는 시(詩)가 되어 많은 이들의 입에서 불리어지고 있다.

＊만해 한용운 생가

*장릉

단종애사는 오백 년이 지난 지금에도 슬픔을 남기게 하고 있다. 강원도 영월에 단종의 무덤인 장릉(莊陵)이 있다. 나이 어린 단종이 영월로 유배되어 일년 남짓 이 절묘한 고도(孤島)에서 한 많은 인생을 마감한 것을 아는 사람은 그리 많지 않을 것이다.

답사 일행(25명)이 그곳을 찾았을 때는 오후 2시였다. 영월읍에서 4킬로미터 정도 떨어진 청령포(淸泠浦)는 남한강 지류인 주천강이 영월 부근에 이르러 거의 한바퀴 휘감아 도는 곳이기도 하다. 예전에는 주천 강물이 맑고 차서 청랭포(淸冷浦)라 불렀다. 외로운 고도에서 보낸 단종의 슬픈 생애를 승화하고 좀 더 서늘한 기운이 감돌게 하기위해 세월이 흐른 후 청령포라 개명했다고 한다.

이곳은 삼면이 강이고 다른 한 면은 깎아지른 절벽이어서 이곳에 들어오면 나룻배를 타지 않고는 빠져 나갈 수가 없다. 옛날에는 주천강의 배가 나룻배이지만 지금은 그곳을 찾는 사람들을 위해 정원 30명을 태울 수 있는 똑딱선을 운행하고 있다. 선장의 말이 이곳은 역사를 공부하기 위해 오는 것이지 관광을 위해 오는 것이 아니라고 한다.

　역사 공부를 위해 오시는 분은 배 삯을 되돌려 드린다며 역사의식을 심어주었다. 단종의 슬픔이 가득 찬 곳 청령포에는 오천 평의 소나무 숲이 우거져 있다. 배를 타고 건너 제일 먼저 찾은 곳이 금표비(禁標碑)다. 망향의 한을 같이 하는 숲 속에서 억울함을 얘기해주는 듯 쓸쓸한 이 비석에는 '동서삼백척남북사백구십척차후니생적재당금(東西三百尺南北四百九十尺此後泥生赤在堂禁)' 이라고 새겨져 있다. 노산군으로 격하된 단종이, 이 넓이 이상은 벗어나는 행동을 해서는 안된다는 뜻으로 범위를 표시한 것이다. 다음에는 단종이 기거했다는 자리에는 "단종재본부시유지(端宗在本府時遺址)"라는 비문이 있고 우리는 그 곳으로 갔다. 이 비문을 보면서 어린 단종의 애환과 괴로운 세월을 보냈다는 생각을 하니 발길이 차마 떨어지지 않았다. 그 곳에서 몇 걸음 더 가면 큰 소나무가 한 그루 서 있다. 관음송이다. 단종이 매일 그 소나무에 올라앉아 눈물을 흘리면서 망향을 했다는 소나무다. 다시 노산대를 거처 망향탑(望鄕塔)을 찾을 때는 한양에 두고 온 아내를 생각하면서 돌을 쌓았다니 우리의 마음을 안쓰럽고 슬프게 한 통한의 역사라 하지 않을까! 매일 돌을 쌓으며 송비를 그리워했다 하여 모향탑(慕鄕塔)이라고도 한다. 두 분의 한 많은 사연을 생각하면 망향보다는 그리워하고 사모하는

＊청령포

모향탑이라고 부르는 것이 더 나을 듯 하다. 돌무더기 옆에 망향탑이라고 쓰여 있지만 노산군인 단종이 송비를 그리워하면서 감옥 아닌 감옥 생활을 했다니 우리의 마음은 더욱 쓰라렸다.

8세에 왕세손이 되어 세종대왕의 사랑을 마음껏 받았고 10세에 문종의 아들로 세자에 책봉되었다. 12세에 왕위에 올라 15세에 왕위를 찬탈 당하고 17세에 노산군으로 강등되어 사약을 받았으니 단종의 인생 역정도 비참한 우리 역사에 전무후무한 일이다. 왕, 상왕, 노산군에서 죽음에 이르는, 애달픈 인생역정도 아마 드물것이다. 단종이 1441년 세종 24년에 태어나, 1457년 세조 3년에 파란만장한 삶을 마감한 것이다.

숙부(수양대군)에게 왕위를 물려주고 상왕 자리에 있을 때 성삼문을 위시한 사육신이 단종 복위를 꾀하다가 한명회의 계략에 수많은 신하가 죽음에 이르렀다. 단종은 유배와 함께 노산군으로 격하 되었고 금성대군의 복위운동으로 말미암아 서인으로 강등되어 사약을 받았으니 기구한 운명이기도 하다. 약사발을 들고 간 금부도사 왕방현이 주천강을 건너지 못하고 그 앞 청령포를 바라보면서 주어진 임무에 죽음을 보고 돌아오면서 강변에 앉아 읊은 한 수의 시는 우리의 마음을 너무나 슬프게 한다.

천만리 머나먼 길에 고흔 님 여의옵고
내 마음 둘 데 없어 냇가에 앉잦으니,
저 물도 내안 같아야 울며 밤길 예놋다

임금을 사모하는 왕방현도 애달픈 마음을 간직한 채 그 곳을 떠났으니 눈물겨운 정경이 아닐 수 없다. 우리나라 전설에는 한을 품고 저승을 못 간 귀신이 이승에서 노닐면 우리 주변에 다시 나타나곤 하였다 한다. 전설에 여자 귀신은 있어도 남자 귀신은 없다 한다. 그런데 단종만은 예외다. 얼마나 원한이 사무쳤으면 혼백이 나타나 영월부사가 부임하면 연달아 사고가 일어나 이 핑계 저 핑계 대며 부사로 부임하는 것을 꺼렸다고 한다. 단종 능 입구에 들어가다 보면 단종의 원혼임을 밝혀 한을 품고 저승을 가게 한 부사 박충원의 행적과, 오직 충절로 단종의 시신을 가매장하고 훗날 다시 정중하게 매장하여 제전을 올리고 축문을 읽었다는 엄흥도의 충절기념비가 세워져 있다.

단종의 능은 역대 어느 임금보다 작고 초라하지만 경기도 남양주 땅에 단종 비 송씨(정순왕후)가 묻혀 있는 사릉과 함께 합능이 추진되고 있다하니 500여 년의 한이 풀려지는 듯하다.

단종 비 송씨의 애사를 보면 15살에 이별하여 81살까지 혼자 살았다. 송비가 묻혀 있는 사릉은 역사의 시공을 초월하여 한국인을 가장 많이 울렸던 한많은 이름이다. 사춘기 소년 왕과 소녀 왕비가 통한의 눈물로 헤어진 곳이 지금 동대문 밖 신설동 로타리 숭인동 뒷산 채석장이 있는 산봉우리로 동망봉(東望峰)이라 불린다. 송비는 단종과 이별 후 조석으로 이 산봉우리에서 소복을 하고 올라와 단종의 유배지 영월을 향해 통곡을 했다는데 그 곡소리가 산 아랫마을까지 들려와 마을 여인네들이 땅 한 번 치고 가슴 한 번 치는 동정곡(同情哭)을 했다 한다. 그 산 아래 지금 청계천의 영도교에서 단종과 송비가 생이별 하였다 하며 영원히 건너간 다리라하여 영도교라 한다.

동망봉과 영도교 중간에 송비가 초막집을 짓고 살았던 정업원이 있는데 그곳에 영조가 정업원구기(淨業院舊基)라는 비석을 세웠다한다.

송비는 단종과 생이별 후 시녀 셋과 더불어 출가를 하였다.

시녀들은 삭발한 여승으로 곁에서 송비의 시중을 들고 다른 두 여승은 동량을 하여 송비의 끼니를 이었다. 이 시녀들은 죽어서도 송비가 묻힌 곁에 묻혔다 하니 얼마나 눈물겨운 일인가? 송비가 초막집에서 동냥으로 끼니를 잇는다는 소문이 대궐까지 들리자 세조가 그 근처에 영빈정이라는 아담한 집을 짓고 식량을 내렸으나 끝내 거부하고 자주 물드리는 염색업으로 때 묻히지 않고 여생을 살았다 하여 그 골짜기를 자주골이라 한다. 세조에 대한 증오가 얼마나 컸을 까 짐작되는, 한 많은 삶이었다. 문헌에 보면 동대문 밖 동묘 남서쪽 사나이들은 출입을 못하게 하는 금남의 여인시장이 있었다는 기록이 있다. 그렇게 된 연유는 송비의 한과 밀접하다고 한다. 송비를 동정한 성 안팎의 부녀자들이 송비의 생계를 도와주고 싶어 끼니마다 푸성귀를 대주는 행렬이 줄을 이었다 한다. 이에 인심을 두려워 해 궁에서 이를 못하게 하자 송비의 초막에서 멀지 않는 곳에서 푸성귀를 파는 척 했다는 사연이 여인만의 시장으로 된 내력이라 한다. 청령포에서 배를 타고 주천강을 건너 관광버스에 몸을 싣고 소나기가 퍼붓는 차창 밖을 내다보면서 오백여 년 전의 애달픈 사연이 눈물되어 내리는 듯, 두 분의 여정을 생각하니 내 마음은 쓸쓸하기만 했다.

＊청계광장

이 물은 북악산 290미터 지점에서 발원하여 인왕산과 남산에서 흘러온 계곡 물이다. 도성 한 중앙에서 만나 서출동류(西出東流), 즉 서쪽에서 동쪽으로 흘러 중량천과 만나 한강에서 합류된다.

청계천은 조선왕조의 도읍지로 정해진 후 500여 년간 도성중심에 위치하여 지리적으로 구분했을뿐만 아니라 도로, 교통, 주거 이외 경제 문화면을 구분하는 상징적 경계선으로 작용했다.

오늘날 한강이 강남 강북으로 구분 짓듯이 청계천을 사이에 두고 윗대와 아랫대로 일컫기도 하고 북촌과 남촌으로 부르기도 하였다. 윗대는 인왕산 및 옥인, 누상, 사직, 효자, 홍인, 신교동 등을 일컫고, 아랫대는 동대문과 광화문 부근 지역을 말한다. 그 당시 윗대에는 권세가 있는 양반들이 살고 아랫대는 군인이나 미나리, 배추, 무 등 농사짓는 평민들이 살았다 한다. 조선시대에는 북악산 밑을 북촌, 남산 밑을 남촌,

낙산 근처를 동촌, 서소문 안팎을 서촌, 수표교 언저리를 중촌, 한강 변을 5강(五剛)이라 하였다.

북촌에는 주로 문신(問訊), 남촌에는 무신(巫神)들이 살았고 경술국치 후에는 북촌에 한국인, 남촌에는 일본인들이 살았다. 조선말에는 서울의 대로인 종각 이북을 북촌이라 부르고 노론이 살았으며 종각 남쪽은 남촌이라 하고 소론이하 3세들, 청빈하게 산 유생들, 실직한 양반들, 미관말직의 관원들이 함께 살았다 한다.

청계천은 한양민들의 생활하수와 배수 역할을 하였다. 조선후기 영조 때 청계천 준천이 끝나자마자 생활하수, 쓰레기, 분뇨 등을 버리고 쥐, 고양이, 강아지의 시체를 비롯하여 심지어 여역(癘疫)으로 죽은 유아의 시체까지 밤중에 버렸다. 청계천은 도성민 생활의 위해(危害)요인인, 홍수 범람으로 매년 큰 비가 내려 교량이 떠내려갔다. 도성 안에 물이 넘쳐 집이 물속에 잠기는 등 물난리를 겪어야 하기에 조선시대 500년 간 수해를 막기 위해 역대 왕들이 청계천의 준천(濬川)을 시행했다.

태종 12년 임진, 영조 36년 경진, 순조 33년 계사, 고종 2년 을축년의 준천 등이 가장 큰 규모의 준천사업이었다.

태종 12년 임진년의 준천은 종묘사직과 산천신에게 고하였으며 동원된 역군은 52,800명 이었고 쌀 40,400석을 내어 군인에게 각각 3두식 지급하고 부모 상을 입은 300명을 귀향시켰다.

영조 36년 준천사실(濬川事實) 기록을 보면 경진년에 대대적 준천작업은 한성부민 150,000명, 고용인 50,000명과 함께 200,000명이고 경비도 35,000량과 쌀 2,300석이 지급됐다 한다. 한성부 인구가 172,000명에 비해 이 공사야말로 조선개국, 도성축소 이후 최대규모의 사업이다.

영조가 후일 탕평책, 균역법, 준천사업과 함께 3대 치적으로 평가할 정도의 대규모 사업이다. 영조는 이 역사가 잘 진행되도록 직접 제사를 올리고 백미 20석과 감곽 600근을 역군에게 지급하고 직접 흥인문에 나가 역사를 시찰하고 감독하는 도청 낭청의 장패들에게 활과 화살을 하사하였다. 1950년 한국 전쟁이후 가난한 사람들이 모여 사는 판자촌이 형성되면서 하천은 오염되고 주변 환경은 나빠졌으며 서민들의 애환이 깃든 삶의 터전이 되어버렸다.

1960년대 박정희 정권이 들어서면서 판자촌과 위생문제를 해결하고자 광교에서 동대문 오간수교까지 복개하였다. 늘어나는 상가, 폭주하는 교통량을 해결하기위해 복개도로 위에 고가도로를 건설하고 세운상가 주변은 현대적 상업시설로 변하게 되었다.

제5공화국 전두환 정권이 들어서면서 지속적인 발전을 거듭해왔지만 고가도로에서 내뿜는 먼지, 배기가스 등으로 인해 복개도로 밑의 하천은 더욱 오염되고 구조물도 부식되어 시민의 안전을 위협하게 되었다.

21세기로 들어서면서 사람들이 살아가기 편리한 환경도시를 갖추기 위해 이명박 시장은 2003년 7월 1일 고가도로를 헐고 2005년 9월까지 복원공사를 하여 푸르고 시원한 물결을 만들어 자연, 문화, 역사가 어우러지는 세계 일류도시로 다시 태어나게 하였다.

청계천 시점부인 태평로 입구에 2,100여 평의 규모에 청계 미니어처 분수, 만남의 화합을 상징하는 8도 석등이 설치되어 있다. 청계광장에서 청계 9가까지 5.3킬로미터의 청계천에는 반차도, 문화의 벽, 소망의 벽, 리듬벽 천, 존치교각 및 터널분수 등 볼거리가 다양하게 만들어져 있다.

반차로는 정조가 수원화성에 행차하는 모습을 그린 그림을 가로세로 30센티미터로, 도자기타일 5,120장에 재현한 것으로 192미터에 이르며 광교와 삼일교 사이에 있다.

문화의 벽은 자연환경을 주제로 한 현대미술과 5인의 작품으로 오간수문 상류에 설치되어 있다.

*청계광장 분수

*빨래터

　소망의 벽은 20,000여 명의 시민이 참가하여 가로 세로 10센티미터 타일로 각자의 소망을 표현하였으며 황학교와 비우당교 사이 양쪽 벽에 설치되어 있다. 리듬벽 천은 고수벽면에 리듬폭포처럼 유지 용수가 흐르도록 수경시설과 저수 변에 목재 테크를 설치하였다. 존치 교각과 터널분수는 교각일부를 철거하지 않고 남겨두어 옛 고가도로를 헐고 청계복원의 의미를 되새기게 하며, 분수의 내뿜는 물이 터널모양으로 형상화하게 하였다.

　버들습지는 어류, 양서류, 조류 등 다양한 생물의 서식 공간 확보를 위해 갯버들, 매자기, 꽃창포 등 수생식물을 식재한 습지가 10여 군데 설치, 조성되어 있다. 청계천 광장에서 태평로입구, 신답역까지 다리가 22개가 놓여 있으며 그 다리마다 애환과 역사가 깃들어 있다.

　청계천 9가 고산지교에서 6번 째 영도교가 있다. 영미동에서 내려오면 하천 끝에 놓인 다리가 영미다리인데 단종이 영월로 귀양갈 때 정순왕후 송씨가 이곳까지 나와 영영 이별하였다 하여 성종 때 다리를 중수하고 영도교라 불렀다.

　동대문에서 을지로 6가로 가는 성벽아래 오간수교(五奸修交)가 있는데 청계천 물이 성 밖으로 빠져나가도록 설치한 수문이며 홍예문이 다섯 칸으로 되어있다 하여 오간수다리 또는 오간수문이라 하였다.

　청계광장에서 6번 째인 수표교는 세종 2년에 놓았으며 장마철에 물이 불어나는 상황을 수시로 적어 홍수에 준천을 표준 삼고 수표석(手標石)을 세웠다 하여 수표교라 한다. 이 다리는 1959년 청계천 복개공사가 시작되자 장충당 공원 내에 보전되어 있다가 1973년 홍릉 세종대왕기념사업회로 옮겨 기념관 동쪽 보물 제838호로 지정되어 있다.

광동교는 종각 남쪽에 있는 다리로 지금 서린동 124번지 부근에 있으며 대광동교라 하였다. 이 다리는 22개 다리 중 제일 큰 다리로 알려져 정월대보름이 되면 도성의 남녀가 이곳에 모여 답교(踏橋)놀이로 유명하다. 서울 여인들이 보름날 밤 종루의 통행금지를 알리는 인경소리에 맞추어 다리를 지나다니면 그해 열두 달 내내 다리가 아프지 않으며 액도 면하면서 봄이 온다하여 보름날만 되면 달밤에 여인들이 이 다리로 모여들었다 한다.

답교놀이로는 쥐불놀이, 편싸움, 연날리기, 4월초파일 연등놀이, 6월 15일 유두, 머리감기가 성행하였다. 정월 대보름날 쥐불놀이는 청계천 양안의 밤을 아름답게 밝혔으며 편싸움은 돌싸움 또는 편전(便殿)이라고도 한다. 또한 1월 14일 저녁때가 되면 연을 날리는데 소위 액막이연이다. 명종 때 액막이연이 궁중 안으로 들어가 여러 가지 불상사가 생기어 연날리기를 금지시켰으며 임진왜란과 병자호란 때 거의 없어졌다.

6월 15일 유두는 동쪽으로 흐르는 물에 머리를 감아 빗기에 청계천 물이 서출동류라 제일 적당하다 하여 많은 사람들이 이용했다 한다.

성동구 마장동에 있는 '청계문화관'은 청계천 복원 이후의 도시 변화 모습을 전시하는 상설 전시관, 문화공연을 갖춘 박물관으로 청계천의 역사적 여정과 2년 3개월 간 진행된 복원공사 과정, 도시변화 모습과, 비전을 상설 전시하고 있다. 4층에는 한국전쟁 전 후 청계천 주변에 늘어서 있던 판자촌 모습과 3층에는 청계천 주변을 촬영한 대형 항공사진이 바닥에 깔려있어 마치 하늘에서 청계천을 내려다보는 느낌을 준다. 2층에는 우리나라 역대 네 분의 왕 태조, 태종, 영조, 정조를 분장한 배우들이 역사적 사실을 전달하며 대화도 할 수 있다. 또한 복원된 청계천의 모든 구간을 영상으로 관람할 수 있고 청계천다리를 배경으로 사진도 찍을 수 있는 '포토존'이 마련되어 방문객들에게 인기를 끌고 있다.

청계천은 수백 년의 애환과 변화를 거듭하면서 이제는 삭막한 도시문화에서 친환경적 도시문화로 바뀌가면서 서울의 관광지로 탈바꿈되어 방문객만 1,000만 명이 넘는다고 한다. 나는 문화사학회회원, 동창들, 음악회원, 우리가족들과 자주 이곳을 찾아 관람하고 청계천의 역사를 설명해 주었다.

이제는 먹거리, 볼거리, 살거리, 할거리 등의 축제를 통해 아름다운 청계천을 만들어 깨끗하게 보전해 후손들에게 물려주어야 된다고 본다.

제 8 부

전해 오는 조상들의 생활

설날의 유래

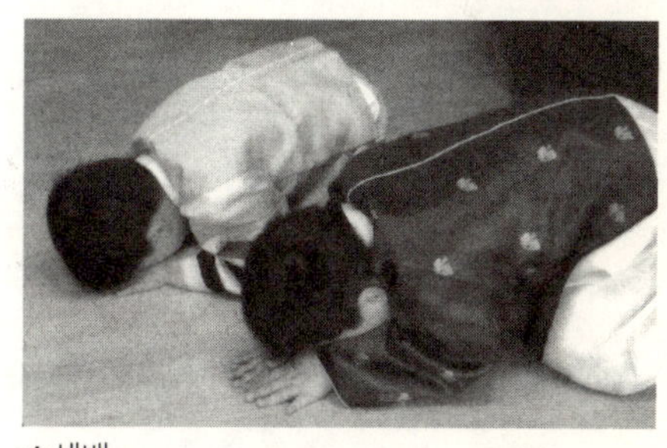

*세배

전래 설날이 양력사용으로 한 때 없어졌다. 한민족이 양력을 쓰기 시작한 것은 1894년 갑오경장 때부터다. 음력 1895년 11월 17일이 양력으로 1896년 1월 1일이라고 고종황제가 칙령으로 선포했다.

잃어버린 설날을 1985년 전두환 정권 때 '민속의 날' 이라는 이름으로 되찾아 공휴일로 지정하여 91년 만에 설날(음력설)이 부활되었다. 그러다가 1989년 노태우 정권 때 설날로 다시 개명하여 3일 동안 휴무토록 규정하였다.

고유의 명절인 설날이 이런 수난을 격고 원상태로 복원되어 현재에 이르렀다. 일제 때 신정설(양력)을 강제적으로 지내게 하였지만 완강한 국민 정서 때문에 끝내 받아들여지지 않았다. 양력설을 일본설로 취급해 외면했던 것이다. 이승만 정부는 신정 설을 고집했으나 서민들은 끝내 받아들이려 하지 않았으니 민족정신과 전통이 이렇게 무서웠던 것이다.

설날의 어원을 보면 최상수씨의 『한국 민속 문화연구』라는 책에는

'선날'이라고 풀이한다. '닷새 장이 선다'고 할 때 '선'과 같이 개시, 시작의 의미를 갖는 '선' 날이 설날로 변했다는 것이다. 묵은 해를 보내고 새로운 해를 맞이한다는 의미가 있다. 새로운 마음으로 여러 가지 기원을 올리는 풍습이 전래된 것이다.

선조 때 학자 이수광의 『지봉유설』을 보면 슬퍼하고 근심하며 금기(禁忌)하는 날이라는 뜻에 설이 됐다는 것이다. 뜻을 풀이하면 용(辰)은 능히 비를 부르고 말(午)은 밭을 가는 이로운 짐승이고 돼지(亥)와 쥐(子)는 능히 곡식을 축내는 해로운 짐승이기에 해마다 정초 첫 진일(辰日) 오일(午日) 해일(亥日) 자일(子日)에 고마움과 해치지 말아달라는 뜻에서 제사를 지낸다하여 달도(怛忉)라 했다. 달도는 슬퍼하고 근심하여 금기한다는 뜻이라고 했다. 서러워한다는 말이 줄어 설이 됐다는 것이다.

설날에는 차례, 복조리, 머리카락 사르기 등 소중한 생각으로 설빔한다. 설날 아침에 입는 새 옷은 남녀노소, 빈부귀천을 가리지 않고 아침에 깨끗한 새 옷으로 갈아입고 차례를 지낸다. 특히 아이들에게는 색동저고리, 까치저고리를 즐겨 입혔다.

차례는 설날 아침 장손 집에서 지내기에 보통 전통적으로 제주(祭主)로부터 위로 4대조(고조, 증조, 조부모, 부모)까지 대상이 된다. 조상숭배의 전통에 미덕을 기린다는 점에서 좋은 일이라고 보며 지금은 2대조까지 모시는 사람이 많다.

모처럼 새해 첫날 친척들이 차례상을 마주하고 화목하게 얘기 꽃을 피우는 모습은 생각만 해도 우리 민속의 아름다운 정경이 아닐 수 없다.

내가 어렸을 때 할아버지께서 차렛상을 차린 후에 혼령이 들어 올 수 있도록 대문을 열어두는 것을 보았다. 마당의 빨랫줄에 행여 걸릴까봐 빨랫줄도 일부러 치워두는 모습 등은 사망여사존(死亡如事存)이란 말처럼 혼령을 산 사람 모시듯 했던 효의 근본을 떠올리게 한다.

차례는 조상을 모시고 새해를 맞는 즐거움을 함께하는 자리이며 음식에는 정성이 제일이다. 정성이 부족하여 '시루떡 설었다' 는 옛말처럼 혼령은 정성 없는 음식상을 제일 싫어한다고 믿었다. 옛날 어른들은 며느리가 빠뜨린 머리카락이 혼령에게는 꿈틀거리는 구렁이로 보인다고 할 정도로 정갈한 마음 씀씀이를 강조했다. 그래서 음식 만들 때 유난히 손이 더 갔다.

지금 설날은 어떤가? 미국, 프랑스, 서독 등 웬만한 선진국들은 당일 하루만 쉰다. 잉글랜드와 아일랜드는 정초 하루도 놀지 않는다고 한다. 그런데 우리나라는 신정 하루, 설날 3일, 4일씩 쉰다. 장기 휴일이다 보니 숭고한 조상을 위하는 마음은 고사하고 여행을 떠나거나, 외지에서 차례음식을 장만하여 호텔에서 차례를 지낸다는 언론보도를 보니 혼령도 여행을 떠나서 차례를 받아야하는 생각에 한심하기 짝이 없다.

차례를 끝마치고 정성스럽게 장만한 음식을 앞에 두고 자손들이 모여 앉아 먼저 음복을 한다. 혼령으로부터 음식마다 골고루 나눠 먹되 목이 메이지 않도록 먼저 술을 들라는 것은 복 내림을 받기 위해서다.

조상은 죽어서도 비록 혼령이지만 자손의 안위와 복을 기원한다고 믿었다. 그렇게 믿었기에 정성들여 차려서 차례를 지내야 된다는 할아버지 말씀이 생각난다.

설날 차례음식은 떡국이다. 흰떡은 밝음을 숭상하는 백의민족과 태양 숭배 신앙에서 유래한 것이라고 한다. 떡국의 떡이 둥근 것도 태양을 상징한다고 한다. 『동국세기』에 의하면 떡국은 흰떡에 쇠고기나 꿩고기를 넣어 함께 끓인다고 기록되어 있다. 최근에는 꿩고기가 구하기 힘들기 때문에 대신 닭을 이용하기도 한다. 민요곡에 '떡 사오' '떡 사려' 로 시작되는 떡 타령에 정월달에서 섣달까지 명절 떡이 달떡으로 나온다.

일본에서도 흰떡을 모치라 하는데 미치쓰키(滿月) 모치쓰키(望月)라고 하듯이 한국과 같은 달떡이다. 일본에서도 각종 제사 때 신전에 올리는 떡을 '사도기' 라 했는데 우리나라에서도 시덕(함경도), 시더구(평안도), 시더기(강원도)라 했으므로 미루어 같은 어원의 제사 음식이라 본다.

흰떡을 잘라먹는다 하여 인절미(引切米)라 했음도 떡이 공식(共食) 음식임을 입증한 것이다. 한 집안 식구끼리 한 솥밥 먹고 한 직장끼리 큰 한 술잔으로 돌려 마심으로 일심동체를 다지듯이 끈적끈적 들러붙은 흰떡을 나누어 먹음으로써 한마음이 돼 친화력을 길렀던 것이다.

인절미의 동질화 정신을 살리고 먹기 편하게 만든 것이 떡국이다. 달떡을 가래로 길게 빼어먹음으로 오복중의 으뜸인 축수(祝壽)를 가중시킨 것이다. 떡가래를 장명루(長命縷)라 불렀음도 이 때문이다.

설날 아침 떡국은 그저 먹으면 한 살 더 먹는 것이 아니라 이화력을 동화력으로, 이질감을 동질감으로 수렴하는 정신 음식인 것이다.

세배는 설날풍습 가운데 빠뜨릴 수 없는 초 하루날 첫 인사다. 좋은 한 해가 되기를 빈다는 뜻으로 정중한 격식을 갖추어 행하였다.

설날하면 세뱃돈을 연상한다. 이날은 액(厄)과 결별하는 민속이 많은데 제웅이라는 게 있다. 짚으로 만든 인형에 불행을 담아 섣달 그믐날 길바닥에 던져두는데 걸인이나 아이들로 하여금 주어가게 하고자 짚 인형 뱃속에 동전을 담아 던져둔다. 그렇게 하여 불행이 옮겨갈 수 있을 줄 알았다. 아이들은 당장 돈 욕심이 우선되기에 버려진 제웅을 줍지 못하도록 하고자 주기 시작한 것이 세뱃돈이라고 한다.

우리민족은 예부터 혈연관계를 중히 여기는 미풍양속을 갖고 있다.

일가친척에 대한 올바른 호칭도 자신의 겸양은 물론 서로의 공경심을 유발하기 위한 것이라고 볼 수 있다. 설빔과 함께 차례, 떡국과 세배를 통한 조상 고마움과 친족의 소중함을 확인해 준다.

어른들은 세배 후 덕담을 한다. 우리 조상들은 말 한마디에도 신비한 주술력, 도덕, 영력이 있다고 믿었다.

설날은 우리 조상들의 의해 면면히 이어져 내려온 문화전통의 약속이다. 고속도로의 차량행렬을 보면 알듯이 민족의 대이동이다.

옛날에는 이중과세라고 했지만 지금은 우리의 전통풍속이 건전하게 계승 발전되고 있다.

　아름다운 미풍양속인 설날을 뜻있게 맞이하기 위하여 우리의 마음부터 조상의 슬기로운 지혜를 알고 실천해야 된다고 본다.

삼복더위

금년은 비가 쏟아지는 데도 열대야가 기승을 부리는 이상 더위다.

장마가 끝나면 열대야현상이 나타나는 게 보통이지만 올해는 장마 직후 오히려 많은 비가 내렸기 때문에 열대야가 예년보다 덜할 것이라는 예상이 빗나갔다.

＊매화

기상청 예보에 따르면 작년까지만 해도 1주일 내지 10일 정도에 하루씩 열대야가 발생했지만 올해는 하루걸러 한번 꼴이었다고 한다.

올 정해년 여름더위는 다른 해보다 더욱 길고도 오래간다. 폭염 경보까지 내렸으니 말이다. 정해년의 정(丁)자는 천간(天干)에서 오행(五行)으로 볼 때 화(火)에 속한다. 불, 즉 열이 많은 해다.

여름철 가장 무더울 때가 삼복(三伏)이며 일년 중 낮이 가장 긴 절기가 하지(夏至)이다. 하지가 지난 다음에 세 번째 경(庚)자가 든 날이 초복(初伏)에 해당된다. 초복 이후 10일이 지난 두 번째 경(庚)날이 중복이다. 이렇게 10일마다 경자가 들기에 세 번째 10일은 말복(末伏)이 돼야 되는데 금년은 20일이 지나야 말복이 온다. 말복은 입추(立秋)가 지난 뒤 첫 번째 경자가 들어가는 날로 잡는데 10일씩 치면 8월 4일이다. 그런데 금년은 8월 8일 입추가 지난 첫 경일이 8월 14일이며 이날이 말복이 된다. 예년에는 초, 중, 말복이 10일마다 오는데 금년은 20일 만에 오기에 10일을 건너뛰는 말복을 월복(越伏)이라 부른다.

월복이 드는 해는 무더위가 심하고 오래 간다고 한다. 작년까지만 해도 무더위 기간이 대충 7월 25일부터 8월 5일까지였는데 금년은 15일이 지나도 더욱 기승을 부린다. 아마 월복 때문이 아닌 가 본다.

한반도 주변 해역의 바닷물 표면 온도가 높아지면서 바닷물의 증발량도 과거보다 훨씬 많아졌다 한다. 온난화현상이 계속되어 대기 중의 수증기 발생량이 덩달아 올라 이상기온이 생긴다는 것이 기상전문가들의 견해다.

더위에 부수적으로 따르는 것이 장마다.

장마 비가 오면 더위가 한풀 꺾이는데 월복 때문인지 비가와도 더위가 누그러지지 않는다. 게릴라성 호우를 퍼부은 비구름이 대기 중으로 흩어지는 복사열을 이중으로 막고 있다.

장마는 일본에서 마이우(梅雨) 중국에서는 메이우(梅雨)라고 한다. 두 나라 모두 매화(梅花)의 매(梅)자를 쓴다. 장마는 매화 열매, 즉 매실이 익을 무렵 내리는 비라는 뜻에서라고 한다. 금년에는 매실이 어느 때보다 풍성하다는 소식이다.

나는 더위를 무척 타기에 참기가 힘들다. 선풍기와 에어콘을 옆에 끼고 산다. 열이 많은 체질이라 한방병원에서도 인삼이나 녹용은 먹지 말라고 권한다.

삼복더위 복날에 보양식을 먹는 이유는 더운 체질을 바꾸기 위해서다.

옛 조상들이 복날 보양식을 먹으면 기운이 왕성하고 질병을 예방한다는 속설을 믿고 습관적으로 찾는다. 우리나라 사람들은 보양식 음식을 철에 따라 즐겨 먹는다. 봄에는 삼계탕(蔘鷄湯), 여름에는 보신탕(補身湯), 가을에는 추어탕(鰍魚湯), 겨울에는 염소나 양의 영양탕(羚羊湯)을 먹는다.

복(伏)은 엎드린다는 뜻이다. 복날에는 경(庚)과 같은 강력한 기운도 더위 앞에 엎드릴 수밖에 없다는 뜻을 내포하고 있다.

'伏' 자를 보면 '덥다'와 '엎드리다'는 의미를 동시에 갖고 있으며 사람人 변에 개犬이 붙어있다. 속담중 '복날에는 개 패듯 팬다'는 말이 있다.

먹을 것이 부족했던 조선시대의 일반 백성들에게 개는 동물성 단백질의 중요한 영양분이었고 소화흡수도 잘된다는 학설이다. 소나 돼지는 주요한 재산 목록이지만 개는 식용의 개념이 있다. 강아지는 이웃간의 인정으로 한 마리씩 줄 수도 있고 특별이 먹이를 주지 않아도 돌아다니면서 자라는 가축이므로 부담이 적었다.

지금 이북에서는 삼복더위에 개고기 요리가 성행이라 한다.

나는 말복 날 보신탕집을 찾되, 아무 데나 가서 먹지 않는다.

중국산이 많은데다가 냉동된 고기가 고양이, 여우 다른 동물로 둔갑하여 수입 된다는 말이 있기에 단골을 찾는다. 금년에는 단골집에 많은 사람이 줄을 서서 기다리기에 삼계탕 집을 찾았으나 그곳도 마찬가지여서 집으로 와버렸다.

매년 먹던 음식도 더위가 심한 삼복 날에 먹지 못하고 지나버리니 왠지 서운하다. 삼복(三伏)과 경(庚)은 밀접한 관계를 갖고 있다.

삼복은 무더운 여름의 상징이다. 종일 25도 이상을 유지하는 열대야는 삼복에 나타난다.

명리학(命理學)에서 경(庚)은 가을에 내리는 서리 또는 살기(殺氣), 결단력(決斷力), 단호(斷乎)함을 상징(象徵)한다. 동물로 따지면 백호(白虎)의 기운을 가지고 있는 천간(天干)이다.

백호는 호랑이 백 마리를 잡아먹어야 백호가 된다는 설이 있다. 그만큼 힘이 세고 칼을 잡는 무인(武人)들이 숭배하는 동물이다. 이 살벌한 경(庚)자가 삼복에 들어있다. 그래서 그런지 경(庚)자가 들어 있는 해에는 큰 사건이 많았다.

1910년 경술(庚戌)년은 경술국치 한일늑약(한일합방)이 있어 조선왕조 500년이 끝나고 일본식민지로 들어갔다. 1950년 경인(庚寅)년에는 6·25 사변이 일어나 유엔 33만 명, 우리 국군과 양민이 수백 만 명이 죽거나 다쳤다. 1960년 경자(庚子)년은 4·19가 일어나 젊은 사람이 185명이 죽었고 629명이 부상을 당했다. 1980년 경신(庚申)년에는 광주 사태가 일어나 수만 명이 죽거나 다쳤다. 이렇게 3복(三伏)과 경(庚)기운이 더위와 함께 함수관계를 갖고 있으니 삼복 더위에는 특별히 몸조심하고 건강에 힘써야 되겠다는 생각이 든다.

*단군상

개천절은 우리나라의 생일인 건국 기념일이다.

건국시조 단군이 널리 사람을 이롭게 하고자 홍익인간(弘益人間)의 뜻으로 하늘을 연 날이다. 개천은 '하늘이 열리다' 라는 말보다 '하늘이 사람의 마음을 열어 환하게 비춘다' 는 말이다.

2007년(단기4340년) 10월 3일 개천절 날 태극기를 내 걸며 쓸쓸한 생각에 빠졌다. 이날 우리는 흐뭇한 축제 속에 즐거운 건국일을 맞이해야 하는데 우리 국민들은 그렇지 않은 것 같다. 개천절이 무슨 날인지도 모르는 사람들도 있다.

일제시대에 단군 조선을 역사로 보지 않고 신화로 보고 있기에 단군에 대한 논쟁이 본격화 되었고. 일인 학자들은 단군을 일연대사의 창작품으로 보고 있다.

몽고의 침략을 맞아 민족의 힘을 하나로 모으기 위해 단군의 사적을 조작했다는 것이다.

일연대사가 삼국유사를 쓰기 200여 년 전 고려 목종 9년 구월산에 이미 환인, 환웅, 단군을 제사지내는 삼성사(三聖祠)가 건립되었다.

남강 이승훈은 충렬왕 23년에 저술한 『제왕운기』에 단군을 우리의 시조로 보고 우리 역사의 출발점으로 삼으며 고구려, 백제, 신라 등으로 이어지는 계통이 단군에서 나왔다는 말이 있다.

만주와 한반도에 존재했던 고대국가들도 시조를 단군으로 인식시켰다.

근래 단군을 우상신으로 섬긴다는 일부 종교계의 반발로 단군이 논쟁의 대상이 되고 있으니 서글프기 짝이 없다. 예수상이 목잘리는 현상을 본 일이 없는 이 나라에 초등학교 교정에 세워둔 민족의 시조 단군상이 목 잘린 흉측한 모습으로 몇 년 전 TV에 비쳤을 때 한없는 모멸감 마저 느꼈다. 역사적 실체로 단군은 개국 시조이지 신이 아니라는 점을 이해한다면 특정 종교와 충돌없이 개천절을 맞이할 수 있다. 역사학자 신채호 선생은 일제시대에 이미 고조선의 중심지가 만주라는 '요동중심설'과 평양지역으로 이동했다는 '중심지이동설'을 주장했다.

단군은 두 가지 위상을 가지고 있다. 하나는 한국 상고시대의 통치자이며 다른 하나는 후세인들이 바라 본 단군상이다. 두 가지 분명 서로 다른 영역인데 이를 뒤섞어서 바라볼 때 혼란이 온다. 통치자로의 단군은 역사학의 영역이고 역사학은 과학으로 다루어야 한다. 단군 숭배사상은 고려시대에 이르러 민족 공동의 시조로 구체화 되었고 나라의 조상으로 모셨다. 구월산에 삼성사가 세워지고 조선 말기부터 단군교, 대종교가 생겨 단군이 종교적 대상으로 등장하게 되었다.

10월 3일을 개천절로 정하여 임시정부가 첫발을 내딛었고 8·15 광복 후 국경일로 제정하여 단군의 개국과 건국이념을 되새기게 되었다.

고려, 조선, 현대를 거치면서 우리 민족이 전통과 문화의 정신적 지주가 되어왔으며, 일제 강점기에 개천절은 민족의식을 높이는데 큰 역할을 하였다. 해방이후 정부는 개천절을 4대 국경일로 선포하면서 양력으로 바꿔 매년 날짜가 달라지지 않도록 하였다.

'우리가 물이라면 새암이 있고 우리가 나무라면 뿌리가 있다' 라는 노래는 '정인보 작사 '김성태 작곡으로 개천절 노래가 여전히 살아있고 또한 초등학교에서 가르치며 배우고 불렀다.

그런데 지금은 음악 교과서 뒷페이지에 붙어 잘 부르지도 않아 개천절의 의미는 날로 퇴색되어 가고 있다. 6~70년대 개천절 노래를 가르치고 함께 부르며 기념행사를 갖던 그때가 한없이 그리워진다.

개천절 기념식에 대통령이 참석하지 않는 것이 관례처럼 되었으며 서울 단군 성전은 너무 초라하여 찾는 이가 안쓰러울 정도다. 그나마 청학동 마을에서는 삼성각에 세 분(환인, 환웅, 단군)을 모시고 대대적인 행사를 벌여 단군의 위상을 높이니 다행이라고 본다.

일본 메이지정부는 우리 개천절과 비슷한 고대 기록에 근거해 초대 천황 진무가 즉위했다는 2월 11일을 기원절로 하여 대대적인 기념행사를 치렀다. 2차 대전 패망 후 폐지 되었다가 1967년 건국기념일로 부활해 지키고 있다.

개천절은 나라의 존재를 확고히 밝힌 날이다. 단순히 기념식으로 끝나고마는 행사에 머물게 아니라 더 큰 의미가 있는 날로 축하해야 할 것이다. 오랜 세월 단군을 받들어 왔던 믿음이 우리를 하나로 묶어 주는 힘이었기에 더 큰 의미가 있으며 21세기에도 꼭 필요하다고 본다.

나는 4대 국경일을 국민의식 고조로 보아주기를 바라며 대대적인 행사를 하여 조상의 얼과 민족의 정통성이 이어지기를 간절히 소망한다.

제삿날

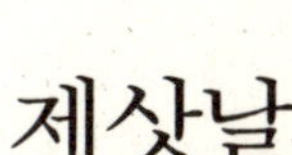

*제사지내는 모습

부모님의 제삿날이 돌아오면 온 가족이 다 참석하며, 출가외인까지도 참석시킨다.

형제는 6남매에 아들 4형제와 딸이 둘 있다. 나는 둘째로 모든 제사를 주관한다. 제사는 두 가지 의미를 가지고 동생, 아들, 조카들에게 이야기 해준다.

하나는 조상숭배로 돌아가신 날 불망지일(不忘至日)을 잊지 않고 추모의 정을 생각하는 것이요. 또 하나는 온 가족이 모여 그간의 있었던 일을 대화의 시간으로 화합과 우의를 돈독하게 하며 조상의 뿌리를 알게 함이다.

조부모는 큰댁 종손집에서 지내지만 부모님은 형님 댁에서 지낸다. 집이 장호원이라 저녁에 갔다가 밤중에 온다.

아버지는 겨울에 돌아가시고 어머니는 여름에 돌아가셨다. 아버지 제사는 겨울에 눈 위를 밟으며 오갈 때가 많고 어머니는 여름 폭우가 쏟아질 때가 많다. 큰 딸은 부산에 있고 셋째 동생은 대구에 있다. 먼 길을 불평없이 오는 마음이 참 고맙고 미안하다. 아버지는 일제식민지하에 태어나 가정형편이 어려워 공부를 하지 못해 한글도 모른다. 또 빈곤에 시달리다보니 8살에 똥장군을 지게에 졌다. 논 5마지기(1000평)로 6남매를 공부시켰으니 제대로 입고 쓰지 못했다. 내 자식만은 절대로 농사짓게 하지 않겠다는 각오로 없는 살림에 아량과 여유가 없으면서 엄했다. 어머니는 아버지 그늘 밑에서 기 한번 펴 보지도 못하고 임신한 몸으로 물동이 이고 5리를 걸었으며 위로 시부모, 밑으로 시동생이 둘, 자식까지 8식구를 건사했다. 고생과 시달림으로 젊은 나이에 병을 얻어 암으로 돌아가셨다. 그래서 두 분 제삿날은 추모의 정을 생각하며 정성으로 모신다. 제사방식은 고장마다, 그 집 가풍마다 조금씩 다르다.

제사는 유교의 주자학에서 내려와 선조때 이율곡이 격몽요결에서 만들어 지금까지 내려오고 있다.

1995년 유네스코는 한국의 종묘와 제례를 세계문화유산으로 지정했지만 젊은 세대들은 기피하고 있다. 제사의 제수품(祭需品) 하나하나가 상징적 의미를 가지고 있다. 삼탕(三湯), 삼적(三炙), 삼색 나물, 삼색 과일 등, 제례상에 필수로 올리는 제례음식의 가짓수와 색에는 자연의 섭리와, 사람과의 일치됨, 기복 등이 담겨져 있다. 삼색 나물의 경우 흰색은 뿌리나물이라 도라지나물을 쓰고, 검은 색은 줄기나물로 고사리를 쓴다. 푸른 색은 잎나물로 미나리를 쓴다. 뿌리는 조상을, 줄기는 부모를, 잎은 자신을 상징한다. 또 삼적과 삼탕을 쓴다. 어적, 어탕은 바다에서, 육적과 육탕은 육지에서, 야채적과 그리고 두부탕은 들판에서 나기에 자연에서 내린 음식을 골고루 맛보게 한다. 삼색 과일의 대표주자인 대추는 꽃마다 열매를 맺어 자손 번창의 의미를 갖고, 밤은 조상과 영원한 연결을 뜻한다. 그러기에 조상을 모시는 위패나 신주도 밤나무로 만든다. 감은 씨를 심으면 감이 열리지 않고 고욤이 된다. 3~5년 지나서 다른 감나무를 접붙여야 훌륭한 감을 얻을 수 있다. 사람도 태어나서 교육을 받아야 올바른 인간이 된다는 이치를 감나무의 생태로 표현한 것이다.

진설의 순서와 방법도 다 뜻이 있다. 조율시이(棗栗柿梨), 홍동백서(紅東白西), 두동미서(頭東尾西), 어동육서(魚東肉西), 좌포우혜(左脯右醯)등 상차림에도 조상의 숨결이 숨어 있다. 조율시이에 대추는 씨가 한 개라 임금이요, 밤은 씨가 세 개라 삼정승(영의정·좌의정·우의정)이다.

감은 씨가 6개라 6판서를 의미하며 배는 씨가 8개라 8도와 관찰사를 의미한다. 붉은 과일은 동쪽이요, 흰 과일은 서쪽에 진설하며 생선의 머리는 동쪽이요 꼬리는 서쪽이라 옛 성인들의 지혜와 슬기, 섭리가 담겨져 있다. 예법대로 제수품을 진설하고 동생, 아들, 조카에게 그 의미를 되새겨준다.

제사 방법을 현대에 맞게 바꾸고 있다. 전면에 지방과 사진을 놓는다. 지방은 제사가 끝나고 혼령이 잘 가시라는 뜻으로 소지하기 위함이요, 사진은 부모님을 보지 못한 아들과 조카를 위해서다. 한문을 모르는 지방 글보다는 할아버지 할머니 모습을 보고 추모의 정을 더 갖게 함이다.

축문도 한문으로 된 글보다도 한글로 풀어 쉽게 읽어준다. 아버지 어머니가 한문도 모르지만 손자들도 내용을 모르니 1년 동안에 일어난 일, 6남매의 좋은 일 나쁜 일 등 있었던 일을 가가호호 고하는 시간을 갖는다. 몇 년을 그렇게 지나고 보니 형제들의 역사가 되어 옛 일을 더 감상하게 된다. 옛날에는 자정에 지냈지만 망자보다는 현실적으로 저녁 9시에 지낸다. 대다수가 일찍 요구하나 나는 홀수인 9시를 택한다. 홀수는 음이요, 짝수는 양이라 음택수인 9시를 택한다. 장사(葬事)도 3, 5, 7일 장은 있지만 4, 6일 장은 하지 않는다.

제사가 끝나면 저녁식사를 하면서 대화 시간을 갖는다. 자식과 조카들 이야기 듣는 시간을 갖는다. 얘기가 끝나면 우리 조상들의 벼슬과 시대에 대한 이야기를 해준다. 인쇄물로 중요한 부분은 집에 가서 다시 보게 한다. 선조에 대한 역사의식을 심어주고 부모에 대한 효를 심어주기 위해서다.

나는 할아버지, 아버지께서 해오시던 전통 때문에 지금은 하고 있지만 내가 죽은 다음에 자식 대에서도 계속 지켜질는지 걱정이 된다.

좋은 이름

사람은 태어나면서 모두 이름을 갖고 죽어서는 남긴다.

이름은 그 사람의 일생을 대표하는 명칭이며 죽을 때까지 부른다. 삶의 행로에서 자기만의 고유명사로 사용하고 불려지기도 한다.

성은 혈통과 가문을 이어주는 줄기의 근원이고 이름자는 성 아래 붙어 그 사람을 지칭케 하는 대명사다. 이를 법률적 행정화하여 주체와 존재가치를 보전케 하는 사회생활의 표징으로 사용해 왔다.

이름에 대한 옛 성인들의 정의(定義)를 보아도 이름의 중요성을 알 수 있다.

공자는 호사유피(虎死留皮)인사유명(人死有名), 소크라테스는 인생의 나침판, 석가는 생(生)과 체(體)를 밝히는 것, 예수는 영(靈)과 같은 것, 맹자는 육체는 길어야 백년이지만 이름은 대대에 이른다고 갈파했다.

이름에는 어느 집안이나 항렬(行列)이 있다. 나는 정기용(鄭琦溶) 용(溶)자 항렬이다. 항렬이란 혈족의 방계에 대한 대수(代數) 관계를 표시한 것이다. 정(鄭)이 화(火)를 담고 있어 불을 억제하려면 물이 필수적이라 물수(水)자가 들어간 항렬이다. 조부 - 부 - 나(본인) - 아들까지 모

두 물 수자가 있는 항렬이다. 이름만 보아도 본관과 어느 파인가를 알
수 있다.

조선시대의 남존여비 사상에서 남자는 항렬을 넣어지어야 그 집안이
뼈대 있고 양반이라는 칭호를 받았다.

광진노인복지관에서 명리학을 가르치는 강사는 이름을 세 번이나 바
꿨다 한다. 첫 이름은 부친이 지어주었는데 하는 일마다 안 되어 이름
을 고치니 알이 생각대로 풀리고 잘 된다며 이름을 잘 지어야 행운이
온다고 했다.

명리학에서는 사주가 60%, 상학이 20%, 이름이 20%라 한다. 그러나
성명학에서는 이름이 운명을 80%를 차지한다고 기술하고 있다.

성명학은 명리학이나 상학처럼 독자적으로 발전했다기보다는 제반
학문에 필요한 부문만을 도입한 종합 역학이라고 한다. 그래서 역(易)
과 오행론(五行論)에 뿌리를 두었다. 성(姓)은 선천적으로 조상이 자기
에게 주어졌지만 후천적인 이름은 잘 짓느냐, 못 짓느냐에 따라 행운도
가져올 수 있고 화를 부를 수도 있다고 한다.

나는 결혼 전 작명가 김봉수를 찾아갔다. 이름을 보더니 "장가들지
마, 장가들면 마누라가 도망가"라고 하기에 듣기 창피하고 거북스러웠
다. 내용인즉 기(琦)인 구슬이 물속에 있으면 빛을 내지 못하고 색을 잃
는다는 것이요, 또한 구슬이 불에 녹으면 제 기능을 발하지 못하니 이
름을 바꾸라는 것이다. 그동안 어려움을 많이 겪었고 해온 일에 후회를
많이 하고 있다지만 이름을 바꾸라는 말에는 마음이 꺼려졌다.

이름은 길운이 따르도록 지어야 된다고 본다. 의복과도 같기에 좋은
옷을 입어야 돋보이듯, 평생을 사용하기 때문에 그 사람에게 어울려야
한다는 생각이다. 발음하기 어색하고 불편해서는 안 되며 이상하게 들
리거나 혼란을 야기해서도 안 된다. 예를 들어 황(黃)씨 성을 가진 사람
이 이름을 천길(天吉)이라고 지었을 때 한문의 뜻은 누른 대지위에 하
늘의 운을 갖고 태어났다고 보면 뜻은 좋으나 불리기는 '황천길'이니

들기 천박스럽고 놀림감이라 거부감을 준다.

요즘 명리학은 옛날의 점장이가 보는 점이 아니라 철학이다.

인생을 사는 철학이기에 동국대학교 사회교육원에는 "명리학과"가 있다. 성명학에서는 한자(漢字)를 신비하게도 영(靈)이 깃들어 있다고 본다.

주술적인 작용을 계속 부르면 영이 동(動)하게 되며 내용이 실제로 실현된다고 본다. 평생을 부르기에 마치 주문과도 같은 주술적 영향력을 행사한다고 본다.

명리학을 공부하면서 작명법(作名法)을 보면 음양(陰陽)배합이 맞아야 하며 글자의 획수가 홀수와 짝수가 맞도록 구성한다. 짝수 끼리나 홀수끼리는 흉한 구성이다. 오행에는 발음(發音), 수리(數理), 자원오행(字源五行)이 일치되어야 하며 자원오행을 으뜸으로 본다.

수리를 분석하여 획수로 계산하는데 81수가 있고 분석 방법에는 주운(主運), 부운(副運), 외운(外運), 총운(總運)으로 나눠지며 주운은 중추적 역할을 하고 시기적으로 청장년 운을 나타낸다. 부운은 주운을 보좌하며 초년의 운을 말함이다. 외운은 사회적, 부부 관계 등을 주관하나 시기적으로 중 말년을 나타내며 천격(天格)이라고도 한다. 총운은 말년 운을 표출하며 평생 운을 대표한다.

81수에 4가지 운이 속하는데 길흉 판단이 성립되며 그 중 19, 20, 22 수는 가장 나쁜 수다. 22수는 실패나 죽는 수라는 통계가 많이 나와 이름 짓는데 잘 쓰지 않는다.

모든 사람들이 작명법을 크게 믿지는 않지만 기왕 쓰기 좋고 부르기 좋으며 거기에 뜻이 포함된다면 금상첨화가 아닌가 본다.

나는 근래 이름을 많이 지어주고 있다. 손자, 손녀, 조카들의 자식까지 지어주고 있다. 좋게 지으려면 몇 시간이나 며칠이 걸린다.

작명법에 맞게 짓다보니 어려움이 많다. 생년월일과, 음양배합, 오행에 맞추자니 여간 어려운 게 아니다.

어느 날 친구는 대형사고가 크게 나 이름을 풀이해 보았더니 가장 나쁜 숫자 22수가 두 번이나 들어 있었다. 다른 한자로 바꿔 지어주고 명암을 만들어 쓰라 했더니 기분이 괜찮다고 계속 사용하고 있다.

작명을 해줄 때 2, 3개 더 지어 마음에 드는 것으로 골라 쓰게 한다.

내가 지은 이름이 평생 좋게 불리어 탈 없이 살아가기를 바랄 뿐이다.

부록

추억(追憶)의 자리에서

베트남 여행

*베트남 거리

사회주의 공화국으로 인도차이나반도에 위치한 베트남은 남북으로 길게 이어진 나라이다. 3박 5일의 여행은 길고도 지루한 인상을 주었다. 베트남의 수도 하노이에서 제일 좋다는 대우하노이호텔에 일행 8명은 여장을 풀고 첫 밤을 보냈다. 어제는 비가 오더니 오늘은 햇빛이 내려쬐이는 무더운 여름이다. 습도가 높다보니 양지나 그늘이나 구별이 없다. 첫날은 수도 하노이 시내 관광을 하였다. 독립과 통일이라는 두 가지 과업을 이룩해 낸, 위대한 지도자로 추앙받는 호치민의 영묘, 생가, 박물관, 끼엠호수, 바다광장을 관광하였다. 영묘에는 호치민의 누워 있는 생전 모습을 일반인에게 그대로 공개하고 있다. 하루에도 수천 명이 그곳을 찾아 관광 수입만도 매월 1억원이 넘는다고 한다. 호치민은 죽어서도 베트남을 위해 공헌하고 있다.

*호치민 유적지

베트남 국민들의 절대 우상이며 국부(國父)인 호치민은 가명만 해도 수백 개에 이른다고 한다.

제2차 세계대전 중 호치민(胡志明)이 이끄는 비엣밍(越盟)은 프랑스 정부와 일본을 공동의 적으로 삼고 투쟁하는 중심 세력이었다. 호치민은 1890년에 태어나 누구보다도 어렵고 힘든 30년 해외생활을 하면서 탁월한 정치가, 혁명가, 문필가, 연설가로 거듭 태어나 독립운동에 뛰어들었다. 1942년 8월 중국에 들어가면서 호치민이라는 이름을 썼다.

그는 월맹을 이끌며 연합군의 협력을 모색하기 위해 중국에 들어가 국민당 계열에 접근하다가 체포되어 18개 감옥을 옮겨다니며 옥고를 치를 때 옥중일기를 썼다. 이 옥중일기는 134편으로 나누어졌는데, 주제 별로 신변기, 감옥상황기, 이감상황기, 기타 등으로 구분되어 있다.

1960년 하노이에서 번역 출판되어 역사 연구를 위한 사료와 베트남 공산당원과, 각급 학교 학생들의 정신 및 문학 강의 자료로 널리 사용되고 있다.

베트남의 정신적 지주이자 신적 존재인 호치민은 현실적 실리주의적인 베트남인의 전형적 존재이다.

호치민의 생활관인 침실, 서장, 상용 차, 접대석을 관람하고 끼엠호수를 한 바퀴 도는데 한 시간이 걸렸다. 특히 외국인 접대석은 정원 한가운데 탁자와 의자뿐이었다. 안내자의 말이 누구와도 접대하면서 부정 없이 깨끗한 대인관계를 보여주기 위해 사방이 트인 곳에 자리를 잡았다고 한다. 오늘날 베트남인들이 호 아저씨라고 부르는 것도 소박하고 인정 많은 이웃 아저씨 같은 깨끗한 성품에서 유래했다.

월요일과 금요일은 휴관이기 때문에 제일 먼저 관광을 하였다.

전용버스를 타고 2시간 30분 소요하여 육지의 하롱베이라는 난빈 호아루에 도착하였다. 약 2킬로미터의 거리를 대나무 배를 타고 주위환경과 기암괴석 수직절벽 종유석 동굴 등을 관광하였다. 이곳을 땅곱이라고 부르는데 논 숲의 하롱베이, 육지의 하롱베이라고도 한다. 숲으로 우거진 늪지대에 호수가 생겨 깊지는 않아 빠져도 수심이 얕아 생명에는 지장이 없다. 물고기가 살지 못하고 우렁이와 가재만 서식하고 있다. 고여있는 물이라 냄새가 좋지 않다. 4시간 버스를 타고 호텔로 돌아와 숙박 후 찾은 곳이 1993년 유네스코로부터 '세계자연유산'으로 인정받은 석회동굴이다. 깊고 푸른 바다의 3,000여 개의 주변 섬과 종유석으로 되어 있다. 베트남의 대표적 관광지로 여겨왔는데 동굴 속에는 하늘무늬의 용현석, 용좌, 폭포, 선녀목욕탕, 김구 선생의 옆모습 등이 나타나 있는 것을 잘 설명해 주었다. 배로 주변 섬을 돌면서 선상에서 점심을 먹고 옵션으로 30불을 지불하여 베트남에서 제일 맛좋기로 유명한 씨푸드 각종 해산물 특선요리를 먹어보았다.

티틈섬의 전망대에 올라가니 3,000여 개의 작은 섬들이 한눈에 들어오니 그야말로 장관이요 그 아름다움은 말로 표현하기가 어려웠다.

하롱베이 국립공원은 영화 '인도차이나'와 로빈 윌리엄스의 '굿모닝베트남'의 배경이 되어있던 곳으로 우리에게도 낯설지 않은 곳이다. 하롱이라는 말은 글자 그대로

*주석부

'용이 바다로 내려왔다' 는 것을 의미한다. 전설에 따르면 한 무리의 용들이 외세의 침략으로부터 사람들을 구했고 침략자들과 싸우기 위해 내뱉은 보석들이 섬이 되었다고 한다. 3일째 되던 날 하롱베이에서 하노이로 이동하는데 4시간, 점심 먹은 후 베트남 최고의 전통 수상인형극을 관람하는데 16세기 델타의 홍강에 마련한 톡특한 예술이라 한다.

1부는 민속악기와 합주가 있어 분위기를 살리고, 2부는 수상인형극인데 17개의 동작을 보여주었다. 주로 베트남의 전설이 많이 등장하고 있었다. 그중에서도 레러이왕과 그에 얽힌 환검호의 전설 표현이 돋보였다.

수상 인형극은 북부 베트남의 고유한 형태이며 전 세계에서도 유일하게 베트남에서만 찾아볼 수 있다 한다.

하노이 시민들은 근면하게 보였다. 교통수단이 거의 오토바이다.

하루종일 교통이 마비될 정도로 오토바이 행렬이 바쁘게 줄을 이었다.

자동차는 제대로 주행을 못하였다. 안내자의 말이 이곳 시민들은 거의가 일정한 직장에서 작업을 하는 것이 아니라 아르바이트 형태의 직업이 많다고 한다. 어느 한 곳에 몇 시간의 일을 끝내면 다른 일터로 가서 일을 해야 하므로 바쁘게 산다고 한다. 베트남은 아직도 전쟁에 대한 후유증에서 벗어나지 못한 후진국이다.

하노이시의 건물은 옛 건물이 많고 신호등 체계도 확립되어 있지 않아 중앙선 개념이 희박하며 오고가는데 먼저 진입하는 차가 우선이었다.

산에는 나무가 적고 바위도 사암(死岩)이 많았으며 큰 강은 홍강(붉은물)이었으며 기후는 사계절이 있다하나 무더운 여름이 긴데다가 습도가 높아 자연환경적으로 그리 좋지 않다. 그러나 베트남은 크게 발전하며 머지않아 경제대국으로 진입할 것 같다.

인구는 약 8천 7백만 명, 땅 넓이는 한국의 1.5배에 이르며 쌀과 천연고무가 수출 세계 2위인데다가 석유매장량이 세계 1위라 한다. 아직 개발을 하지 못하고 있다. 다른 나라와 기술 합작하여 석유를 생산한다면 크게 번창하고 부강한 나라가 될 것 같다. 지금 베트남 수준은 우리나라 60년대와 같다. 여러 나라와 국교를 맺고 개방을 하여 빨리 선진국 대열에 합류했으면 싶다.

베트남에는 우리나라 기업들이 많이 참여하고 있다. 대우기업이 크게 환영받으며 김우중씨는 베트남의 경제고문역을 맡았다고 한다. 참 좋은 현상이다. 베트남에는 대한민국의 이미지(印象)가 좋게 보였다한다. 그래서인지 국제결혼에 월남여자들이 많고 특히 농촌 총각들이 베트남 여자와 결혼을 많이 하고 있다.

3박 5일의 여행을 마지막으로 하노이 비행장을 떠나면서 우리나라에서 태어난 자긍심과 행복을 마음 속 깊이 느꼈다. 사계절이 뚜렷하고 온화한 기후와 태풍이 적고 지진이 없는 살기 좋은 나라, 경제대국으로 발전하는 행복한 대한민국이라고.

내고향

내 고향 용돈은 물 맑고 인심 좋은 고장이다.

지세가 용머리처럼 생겼다 하여 예부터 용두리(龍頭里)라는 지명이 붙었다. 담배, 배추, 무 등 특산물만 생산되어 돈이 많이 생겨 용돈이라는 말이 있다.

충주 시내에서 서울 쪽으로 4킬로미터 가다보면 달래강이 흐른다.

달래강은 용돈의 들판을 가로 안고 북한강 쪽으로 흘러가는 강물이다. 물 맑고 수질 좋기로 전국에서 제일이라고 한다.

달래강은 먼 옛날 두 남매가 강을 건너는데 물이 깊어 누이가 옷을 벗고 먼저 건너갔다. 동생이 건너오지를 않자 다시 가보니 자기 신체 일부를 돌로 찍어 죽었다 한다. 누이는 "달래나보지"하며 허망하게 죽었다는 누이의 말이 달래강의 유래라 한다.

여름이면 악동들이 물장구 치고 목욕하던 달래 강이 지금은 오염이 돼 그 옛날의 맑은 모습을 찾아보기 어렵다.

물줄기 따라 한참 내려가면 북한강과 마주치는 탄금대 합수머리가 나온다.

임진왜란 1592년 4월 30일 신립장군이 배수진을 치고 왜장 가등청정과 치열한 싸움을 하다가 수천의 군사를 잃고 대패한 곳이기도 하다.

동네에서 우리 집은 제일 높은 곳, 한 가운데 있다. 일제 강점기 일본사람이 쓰던 창고를 개조해 방을 꾸미고 이층을 만들어 살았다.

나는 이곳 용돈에서 꿈과 낭만, 슬픔과 고독을 맛보며 자랐다.

이층에서 사방을 보면 동쪽으로 달래강과 충주 시내가 한눈에 들어오며, 서쪽으로는 검단 개울이 보인다.

남쪽으로 큰 산이 두 개가 있는데 종중산과 소대기산이다. 종중산에는 고조, 증조, 조부, 아버지 형제들이 묻혀있다.

옛날에 천지개벽을 해서 물바다가 될 때 산이 다 묻히고 솥뚜껑만치 남아서 소대기산이라 한다.

6·25피난으로 어릴 적, 한참 먹고 자랄 나이에 지게지고 나무하러 자주 다니던 곳이다. 산 밑, 밀밭에서 밀 서리하고 태워 먹던 일, 벌집을 쑤셔 벌에 쏘여 다음날 운동회에 나가지 못하고 울던 생각, 나무하다가 산판 주인에게 들켜 도망가다가 아버지한테 꾸중을 들었던 추억 등등, 나를 자라게 하고 힘들게 한 산이다.

검단 개울은 동무들과 물장구 치고, 다슬기 잡으며, 그물 던져 모래무지 잡던 개울이다. 지금은 사방공사로 뚝방을 쌓고 모래를 채취하여, 강물은 말라 풀만 무성하여 옛날 텀벙텀벙 물장구치던 개울은 찾아보기가 어렵게 됐다.

봄이면 아지랑이 피어오르고 종달새 지저귀는 소리 들으며 어머니 따라 들판에서 씨앗 뿌리던 일, 가을이면 황금 들판에 허수아비 바라보며 1년 농사 수확 끝에 탈곡기 돌려 벼 타작하며 쌀밥 먹던 즐거움이 그리워진다.

추석이면 동네마다 신파 구경 간다고 오늘은 이 동네 내일은 저 동네 서커스 천막과 함께 딴따라패 구경하면서 다리 밑에 모여 조잘거리던 친구들 지금은 무엇을 하고 있는지, 어릴 적 생각에 가슴이 뭉클해진다.

겨울이면 우리는 방안에 가만히 앉아있지 않았다. 썰매를 만들어 두 팔로 논두렁 얼음 위를 달리며 신나게 놀았고 큰 아이들과 산토기를 잡으러 눈 덮인 산으로 돌아다니던 고향이다.

용두초등학교는 내가 졸업한 학교인데 어느 날 달천초등학교로 개명이 됐다. 교장은 모든 사람들이 용두는 잘 모르고 달천만 알아서 달천으로 바꿨다 한다. 초등학교 고학년이 되면 마음대로 놀 수도 없었다. 퇴비도 베어야하고, 솔방울도 따서 겨울 연료 준비도 하고, 싸리 씨를 흩으러 산으로 가는 것이 숙제였다. 개교 30주년이 되던 해, 교장이 서울에 올라와 창립기념으로 피아노가 필요하다며 피아노를 해달라고 하여 나는 피아노를 기증했다.

운동회 날, 내가 선배로서 축하 인사말을 했던 학교가 이제는 입학생이 없어 폐교 직전에 있다하니 애향 애교(愛鄕愛校)의 쓸쓸함은 더 말할 나위가 없다.

가난한 시절 마음 놓고 뛰놀며 즐거워하던 어린 시절, 무지개가 하늘에 수를 놓고, 반딧불이 어둠을 밝혀주던 그 옛날, 내가 겪었던 일들이 지금은 한편의 동화(童話)의 세계인양 아로 새겨진다.

요즘은 아이들이 아스팔트와 시멘트위에서 자란다. 컴퓨터게임과 적성교육, 영어교육 등 아이들끼리 놀 시간이 없다.

눈만 뜨면 TV나 컴퓨터에 다가 않는다.

발전된 문화의 혜택을 받고 사는 아이들의 모습을 보면서, 나의 어린 시절 꿈을 먹고 살았던, 옛날 내 고향이 마냥 그립다.

단풍이 물든 오대산과 고려인
의 혼이 깃든 아리랑의 전설, 정선
을 돌아보기 위해 아침 일찍 서둘
렀다. 구름 한 점 없는 맑은 가을
에 사범학교졸업생 15명 동창들이
버스를 타고 관광을 떠났다.

인생은 60부터라 10년을 덤으로
사는 70노객들의 여행이라 마냥 즐
거웠으며, 강원도 오대산을 찾았을
때는 오전 11시 경이었다.

이 산은 비로봉, 동대산, 두로봉,
상왕봉, 호령봉 등 다섯 개의 산으
로 이루어져 오대산이라 한다.

＊월정사 팔각구층석탑(국보 제48호)

폭포와 늪, 깊은 계곡이 조화를 이루고 조류, 곤충류, 식물 등 860여
종의 다양한 동식물이 살고 있는 아름다운 산속, 천년 고찰 월정사와

213

상원사를 찾았다.

일행은 월정사 입구에서 내려 월정사 현판을 배경으로 사진촬영을 하고 모처럼 복잡한 도시를 벗어나 500년이나 된 아름드리 전나무가 빽빽이 들어서 있는 사잇길로 맑은 공기를 마시며 걸었다.

월정사는 진부면 동산리 오대산 동쪽 계곡 울창한 산림속에 자리 잡고 있다. 동대 망월산을 뒤로 하고 이 산의 정기가 모인 푸른 침엽수림에 들러싸여 천년의 아름다움을 자랑하고 있다. 신라 선덕여왕 12년에 자장율사가 중국 오대산에서 문수보살을 친견하고 얻은 부처님의 천골사리를 오대산에 봉안하고 절을 창건했다 한다. 조선시대 세조대왕이 문수동자를 천견하고 병이 나아진 영산이라고도 한다.

내가 제일 먼저 찾은 곳은 대웅전 앞에 있는 국보 48호 팔각구층석탑이다. 부처님 진신사리 37과로 봉안한 탑은 고려초기에 건조된 다층 석탑으로 높이가 17미터나 된다. 이곳에 오면 많은 불자들이 소원성취를 빌며 탑 둘레를 몇 바퀴 돈다고 한다. 나도 탑 둘레를 돌며 소망을 빌었다.

월정사는 한진그룹 조중훈 회장이 많은 관심을 갖고 보은을 하여 다리와 전각도 세우고 길도 잘 닦아 놓은 아스팔드 길을 순조롭게 갔다. 그러나 상원사로 가는 길은 비포장도로라 6킬로미터를 천천히 가다보니 답답했지만 월정사보다는 단풍이 붉게 물들어 나름대로 아름다움을 만끽하며 갈수 있었다. 상원사에 도착하여 돌계단을 밟으며 사찰로 올라갔다. 신라 선덕여왕때 보천과 효명이라는 신라의 두 왕자가 세웠다고 한다. 상원사에는 국보36호로 지정된 동종(銅鐘)이 선덕왕 24년에 만들어진 것으로 우리나라에서 가장 오래되었다. 음향이 맑고 깨끗하며 종 표면에는 하늘을 비상하는 공후와 생을 연주하는 비천상(飛天像)이 양각되어 있어 국보급으로 가장 우수한 종이라 한다.

대웅전안에 있는 국보 221호인 문수동자상은 세조대왕이 친견하고 병이 낳아 동자의 모습을 조성한 것이다. 산내에 있는 암자, 관세음보살을

모신 동대 관음암, 문수보살이 계시는 중
대 사자암, 지장보살이 머문 남대 자장암,
한강의 발원이며 대세지보살이 계시는 서
대 염불암, 500나한이 있는 북대 미륵암,
자장율사가 정골사리를 모신 적멸보궁 등
은 시간이 없어 돌아보지 못하고 아쉬운
마음을 갖고 식당으로 향하였다. 특히 적
멸보궁은 전국에서 소원성취 기도가 제일
잘 듣는다하여 불자들이 많이 찾고 선남
선녀들도 자주 찾는다고 한다.

*상원사 동종(국보 제36호)

점심은 산채정식과 황태로 나눠 먹었다. 시장이 반찬이라 아침을 제
대로 먹지 못하고 떡으로 때운 데다가 늦게 먹는 점심이라 밥 맛이 꿀
맛이었다. 어떤 회원은 두 그릇이나 비웠다. 후식으로 커피를 마시고
바로 평창을 벗어나 정선으로 향했다. 버스기사는 정선가는 길에 공사
하는 곳이 많으니 주문진에 가서 바다회를 먹고 오는 것이 좋다며, 가
는 것을 꺼렸으나 나는 계획된 일이니 그대로 정선으로 밀어부쳤다. 정
말 올 여름 수해로 인해 여러군데 길이 무너져 복구가 한창이었다. 거
리는 35킬로미터 거리지만 워낙 천천히 가다보니 시간이 많이 걸려 영
월 청령포 가는 길은 포기하고 말았다.

어렵게 정선을 찾았을 때는 오후 4시가 되었다. 매월 5일씩 6번의 장
이 서는데 정선 지역에서 생산되는 산나물, 약초, 메밀묵 등 특산물이
많은 장터다.

장터에서 직접 제작 판매하는 짚신, 농기구 등 잊혀져가는 생활용품
을 사고파는 재래 장터의 정겨움이 가득한 곳이기도 하다. 감자부침,
올챙이국수, 감자떡, 콧등치기, 정선에서만 전해지는 향토음식이 별미
라 하는데 시간에 쫓겨 먹어보지도 못하고 온 것이 왠지 서운하고 허전
하다.

운전수의 지리 미숙으로 길을 잘 못들어 2시간을 헤매고 정선을 떠날 때는 땅거미가 찾아드는 황혼이었다. 모든 일정을 계획하고 주관한 나는 동기들에게 미안한 생각이 들었다.

정선에는 8경이 있는데 화암동굴, 소금강등 7경을 보지 못하고 온 것이 마음 한구석 못내 쓸쓸하다. 모처럼 노객들의 즐거운 나들이인데 관광을 제대로 보지 못한 여행이 내내 아쉽기만 하다.

양남에서

교직에서 본의 아니게 사표를 내고 사정이 여의치 않아 복직을 하려고하니 정부 방침이 사표를 낸 사람은 2년 안에 복직을 못 한다고 하였다.

경상북도는 교사가 모자라 임용시험을 보았다. 경상북도 교육청(경상북도교육위원회)에서 시험을 보고 합격통지서를 받아 경주교육청에 들리니 경주군 양남면 양남초등학교로 발령을 내리기에 찾아갔다. 1968년 9월, 40여 년 전의 일이라 까마득한 일이다.

양남초등학교를 가려면 울산을 거쳐 험한 산고개를 넘어야 갈 수 있었다. 지금은 '울산광역시'지만 그 당시는 울산군으로 조그마한 군청소재지라 차편이 그리 좋지 않았다. 거리는 70여 리였지만 길이 험하고 버스도 없었다.

단지 6명이 타는 시발택시뿐이었다. 택시도 6명이 차야 떠난다고 했다.

5시간을 기다린 끝에 6명이 되어 출발을 하였다.

울산에서 양남을 가려면 울산군과 경주군 경계선에 큰 고개를 넘는데 그 산이 무룡산이다. 험한 산길이라 새벽 2시에 도착하니 조그마한 어촌 바닷가였다. 컴컴한 밤중에 학교를 찾아가 숙직교사와 인사를 하였다. 교사 말이 어떻게 이 밤중에 왔느냐고 하며 무룡산 고개에서 50년대에 있었던 일을 이야기해 주었다.

어느 날 내가 타고 온 시발택시에 6명이 타고 밤길을 가는데 산마루턱에 올라서니 택시가 가지 못하고 섰다고 한다. 승객이 왜 안 가느냐고 운전수에게 독촉하니 호랑이가 길을 막고 버티고 있더라는 것이다. 승객들은 겁에 질려 불안에 떨고 있는데 승객중 노인 한 분이 탑승자 중에 누구를 원한다는 것이다. 탑승자는 노인, 군인, 50대 각 한 사람과 젊은 여자 둘 그리고 운전수 모두 6명이다. 운전수는 자기가 소지하고 있는 물건을 차 밖으로 던지라는 것이다. 탑승자들은 자기가 가지고 있는 소지품을 호랑이에게 던지니 군인이 던진 모자만 꽉 끌어안고 놓아주지를 않았다 한다. 운전수는 군인을 요구한다며 빨리 내리라고 독촉을 하였다.

내리면 죽을 수가 뻔한데 군인이 내리지 않고 있으니, 노인이 "나는 살 만큼 살았으니 나와 함께 내리자"고 하여 두 사람이 내리니 호랑이는 온데간데 없었다. 내려오다 보니 조금 전 타고 오던 택시는 낭떠러지에 굴러 떨어져 전부 죽었다 한다. 한참 내려오니 군인 어머니가 산 밑에서 백일기도를 드리는 마지막 날이라고 하며 휴가온 아들을 무사히 살렸다는 이야기다. 그래서 무룡산고개에는 밤중에 잘 다니지 않는다는 말을 해주었다.

출근 첫날 교장과 상담을 하며 나의 이력을 말씀드렸더니 교직원들에게 훌륭한 교사가 우리 학교에 왔다며 칭찬을 아끼지 않았다.

나는 1학년 담임을 했다. 교장은 내년에 우리 학교가 연구 지정학교가 됐다면서 연구주임을 맡아달라고 하였다.

1학년 교실로 가보니 교실환경은 초라하고 수업분위기가 어수선했다. 제일 먼저 교실환경부터 바꾸어 놓았다.

교장은 환경정리한 교실을 보고 감탄하며 1학년 수업은 다른 교사에게 맡기고 교무실 환경부터 개선해 달라고 하였다. 교무실 환경을 내년 연구 학교답게 바꿔놓았다. 그곳으로 가기 전 충청북도에서 연구주임만 8년을 보았다.

충청북도 교육은 타도에 비해 선진화교육을 제일 먼저 실천하고 있었다. 교육인적자원부(문교부)에서는 교육계획과 학습방법을 충북에서 실시하고 성공한 사례만 타도에 보냈다. 연구지정학교에서 근무하다가 시골 어촌학교를 가보니 10년은 뒤떨어진 감이 있었다. 교실 분위기를 색다르게 바꿔놓았더니 다른 교사들도 부탁을 하여 교실을 각 학년에 맞게 환경구성을 새로 해주었다. 3개월 동안 수업 한번 해보지 못하고 교실환경구성을 새로 꾸미고 내년도 교육계획을 세우는 일만 한 셈이다.

양남초등학교는 남교사 9명 여교사 3명 모두 12명이었다. 3명의 여교사 중 한 여교사가 나에게 관심을 가졌다. 그 여선생은 재주 좋고 능력 있는 사람이 이런 산골 어촌에 왜 왔느냐며 호의적 태도를 보였다.

하루는 진수성찬을 차려놓고 자기 집으로 초대하더니 자기는 공주사범을 나와 공주가 집인데 몇 년 전 남편이 자동차 사고로 저 세상을 갔다며 객지에서 서로 고독하니 외로운 사람끼리 같이 살자고 하였다.

"나는 아직 총각"이라 말하니 거짓말이라며 믿지를 않았다.

내가 결혼하여 가정불화로 멀리 도피해온 사람으로 착각하고 있었는지도 모른다. 여선생 눈에는 교장에게 신임 받고 학교운영에 능력 있는 교사로 참여하니 관심이 많아 보인 것 같았다. 내가 나를 생각해봐도 보잘 것 없는 사람인데 여선생은 나에게 마음을 두고 있으니 말이다.

3개월이 지나 겨울방학이 되었다. 내년도 학교운영계획을 세워 제출하고 고향 집으로 왔다. 겨울방학이 끝날 무렵 어촌 학교 근무가 싫어 교장 선생님께 사표를 써서 우송했다. 교장은 학교에 계속 나와 주기를 원한다면서 사표수리는 하지 않겠다며 내려와 달라는 신신당부의 편지를 보내왔다.

그러던 중 여선생이 어느 날 우리 집에 찾아왔다. "내가 공주에 간다니까 교장 선생님이 충주에 가서 정선생을 설득해 꼭 오게 하라"고 해서 왔다한다. 내가 보기에는 교장 말은 핑계고 정말 총각인지 아닌지를 확인하러 온 것 같았다. 내가 없는 사이에 어머니를 만나 이야기하고 사실을 확인한 후 실망한 눈치였다. 여선생이 학교로 돌아간다기에 충주시내에서 영화구경을 시켜주고 마지막 인사를 나눴다.

교장은 유능한 교사를 만나 학교 경영에 연구 발표를 잘 하면 제일 좋은 학교로 승진과 영전을 하게 되므로 나를 그렇게 원했던 것 같았다.

지금 생각하니 교장의 부탁대로 1년을 연구 지정학교에서 연구실적을 쌓아 양남초등학교 교육을 새롭게 바꿔놓았으면 어떨까 하는 후회도 해보았다.

90일 간의 짧은 기간이지만 인자한 교장 선생님의 얼굴과 보잘 것 없는 나를 잠시나마 생각해준 여선생의 모습이 떠오르며 먼 옛날의 아름다운 추억 속에 빠져 본다.

초년병
영춘에서

1958년 사범학교를 졸업하고 첫 부임을 한 학교가 영춘초등학교(영춘국민학교)이다. 6·25사변이 일어난 지 꼭 8년째 정부수립 후 10년이 되는 해다.

그 당시는 신학기가 4월이었다.

3월 31일 발령을 받고 교육청에 들려 영춘초등학교 부임장을 받아 학교를 찾아갔다. 그 때만 해도 그 곳은 심심산골이라 버스가 없어 삼판차를 이용해야 했다.

영춘은 정감록 비결에도 우리나라 피난지 10곳 중의 한 곳으로 나타나 있다. 영춘초등학교는 삼면이 강이다. 배를 타고 들어가야 한다. 겨울에는 상류 한강물이 얼어 그 위로 짐차가 다녔다. 그 고장 사람들은 우물이 없어 강물로 밥을 지어 먹었고 산삼 썩은 물이라며 좋아했다.

내 나이 19살. 사회 물정도 모르고 학생태를 벗어나지 못하고 모든 것이 어설프기만 하였다. 면 소재지가 되다보니 학생수가 적어 한 학년에 2반씩으로 4학년 2반을 맡았다. 교장과 교감, 교사들을 합해 전 교직원이 14명이었다.

학교에서 퇴근한 후나 일요일에도 워낙 오지라 마땅히 갈 곳이 없었고 할 일도 그리 많지 않았다. 고작 학습계획을 세우고 준비하는 일이 반복되며 몇 달이 흘렀다.

여름방학을 며칠 앞둔 어느 날 방학이 되면 고향에 간다는 기쁨으로 기분이 한층 고조 되고 있을 때였다. 하루 일과를 끝내고 막 종회를 시작하려는 순간 한 아이가 헐레벌떡 교무실로 들어왔다.

"선생님 4학년 김순아가 목욕하다가 물에 빠졌어요"라고 했다. 그 아이 담임은 나와 같이 한방에서 자취를 하는 박 교사로 이북에서 1·4후퇴 때 단신으로 내려와 사고무친한 처지였다. 우리는 겁에 질려 사고가 난 곳으로 뛰어갔다. 이 학교는 학생 3분의 2가 배를 타고 다녀야만 하는 곳이다. 사고를 당한 아이는 배를 타고 건너가 목욕을 하다가 회감아도는 물살에 빠져 허우적거리는 것을 뱃사공이 발견한 것이다. 우리가 갔을 때는 이미 숨이 끊어진 뒤였다.

실신한 사람은 "항문을 보면 알 수 있다"는 풍월이 생각나 확인결과 죽음을 인정했다. 그 아이는 부모의 애통함 속에 자기 집 산등성이 양지바른 곳에 묻혔다. 그날 밤 박 선생 꿈에 아이가 자주 나타나 선생님을 찾으며 운다는 것이다. 한참 잠이 들려고 하면 "정 선생, 무서워 잠이 안와"하며 나를 깨우곤 했다.

사고가 나던 날 체육시간에 400미터 달리기를 하는데 '유난히 돋보이게 뛰더라' 면서 며칠을 악몽에서 헤어나지 못했다.

2학기가 시작된 후 몇 달 뒤 겨울이 왔다. 직원조회가 시작되는데 또 어떤 아이가 교무실로 뛰어와 3학년 아이가 강물에 빠져 죽었다고 했다. 조회를 하다말고 담임과 같이 가 보았다. 나는 생활담당교사라 모든 학생들의 일거일동을 살피고 확인할 책임이 있었다.

그 날은 그 아이가 생일이라 아침을 일찍 먹고 나루터에 나왔으나 아무도 없어 뱃사공이 올 때까지 기다리다가 지루하여 얼음 위에서 잠시 놀았는데 얼음이 깨져버렸다. 뱃사공이 아이를 건져놓고 보니 이미 싸

늘하게 숨을 거둔 상태였다.

뱃사공은 조금 일찍 나오지 못한 것을 안타까워했다. 부모는 맞벌이 부부로 외지에 나가 있었고 할머니가 보살피고 있었다. "오늘이 지 생일이라 모처럼 쌀밥을 먹여서 보냈는데 죽었다"며 지 에미를 어떻게 보느냐며 대성통곡하는 할머니를 뒤로하고 학교로 돌아왔다.

그해는 웬 사고가 그렇게 빈번한지 모를 일이었다. 겨울방학을 3일 앞둔 어느 날, 또 비보가 날아들었다. 교무실 옆 5학년 1반 교실에서 굉음이 들렸다. 전 직원이 깜짝 놀라 교실로 갔다. 20여 명 아이들이 쓰러져 피를 흘리고 울며 아수라장이 되었다. 한 아이가 6·25전쟁 때 쓰던 포탄을 흙에 묻인 체 가져와 놀다가 난로에 던져지어 터진 것이다.

뒷수습을 하고보니 배에 파편이 박히고 손가락이 잘리고 얼굴에 피멍이 들었으며 놀라 쓰러진 아이들이 20여 명이나 되었다. 그때만 해도 병원이 없고 고작 보건소 하나만 있었던 때라 보건소에 데려가 치료를 하였다. 가장 심하게 다친 아이가 오른손가락이 2개가 잘린 아이가 둘이 나왔다. 몇 달이 지나니 왼손으로 글씨를 쓰는데 오른손 글씨처럼 잘 쓰고 있었다. 의사말로 오른손 감각이 마비되면 왼손이 그 기능을 대신한다고 했다.

이듬해 신학기가 시작되고 나는 1학년 2반 담임을 맡았다. 며칠 후 1학년 아이가 샘물에 빠졌다는 소리를 듣고 나는 내 반 아이가 빠진 줄 알고 눈앞이 캄캄했다. 전 직원이 운동장 가에 있는 샘물로 갔다.

그곳은 옛날에 파놓은 우물로 물이 잘 안 나오고 깊어 두레박으로는 물 긷기가 힘들어 사용을 않고 가마니로 덮어놓은 곳이었다. 그런 상황을 모르는 1학년 1반 아이가 놀다가 빠진 것이다. 담임은 타지에서 좌천되어 온 교사다. 그 당시는 자유당 시절이라 교사가 많아 감언이 심할 때다. 열심히 노력하여 고향으로 갈려고 했던 교사인데 이런 사고가 터진 것이다. 담임은 20m쯤 되는 우물로 뛰어들려고 하였으나 내가 지혜를 모아야 한다며 말렸다. 샘물 안을 들여다보고 부르니 울며 "선생님 추워서 죽겠어요" 말해서 안심이 되었다.

우물 벽이 노깡(세멘)으로 되어있어 발을 디디고 내려갈 수도 없었다. 짜낸 묘안이 큰 기둥나무를 샘물 한가운데 걸치고 송판을 선생님 발바닥에 대고 묶었다. 밧줄 끈을 기둥나무 한가운데 대고 양손으로 짚으며 서서히 우물 밑으로 내려가 아이를 안고 밧줄을 잡아당겨 구하였다. 다행이 외상은 크게 나지 않았다. 사고후유증으로 한 달 동안은 바짝 여위어지더니 두 달째부터는 살이 오르고 정신도 점점 맑아졌다. 부면장 아들이고 보니 항의가 대단했다.

1년에 4건의 사고가 발생한 것이다.

희망과 포부를 갖고 근무한 사회 초년생에게는 실망과 고난뿐이었다. 요즘처럼 학부형들의 목소리가 커진 상황에서 그런 사고가 났다면 징계나 파면감이 되었을 것이다. 얼마 전 우연히 4학년 담임선생을 만났다. 그는 양천구 소재 모 여자중학교 교장을 끝으로 퇴직을 했다면서 가끔 그 아이 생각이 난다고 했다. 지리적 자연적 환경이 좋지 않다보니 사고도 많을 수밖에 없는 것 같았다. 지금은 그곳에 다리가 놓여 사통팔달 길이 나고 옛날 모습은 찾아볼 수가 없다.

우리나라에서 제일 큰 절 태고종의 본부인 구인사가 지어졌고 온달성과 온달동굴을 개발해 불제자와 관광객이 많이 찾고 있는 곳으로 변했다.

*반가운 얼굴들